KB120691

PPT로 완성하는 영상 제작

저자 SKY Lab Crew(이재현, 정민재)

YoungJin.com Y.
영진닷컴

PPT로 완성하는 영상 제작

ISBN 978-89-314-6921-9

독자님의 의견을 받습니다.

이 책을 구입한 독자님은 영진닷컴의 가장 중요한 비평가이자 조언가입니다. 저희 책의 장점과 문제점이 무엇인지, 어떤 책이 출판되기를 바라는지, 책을 더욱 알차게 꾸밀 수 있는 아이디어가 있으면 이메일, 또는 우편으로 연락주시기 바랍니다. 의견을 주실 때에는 책 제목 및 독자님의 성함과 연락처(전화번호나 이메일)를 꼭 남겨 주시기 바랍니다. 독자님의 의견에 대해 바로 답변을 드리고, 또 독자님의 의견을 다음 책에 충분히 반영하도록 늘 노력하겠습니다.

파본이나 잘못된 도서는 구입처에서 교환 및 환불해 드립니다.

이메일 : support@youngjin.com
주 소 : (우)08507 서울특별시 금천구 가산디지털1로 128 STX-V타워 4층 401호
등 록 : 2007. 4. 27. 제16-4189호

STAFF
저자 SKY Lab Crew(이재현, 정민재) | **책임** 김태경 | **진행** 성민 | **내지/표지 디자인** 박지은
영업 박준용, 임용수, 김도현 | **마케팅** 이승희, 김근주, 조민영, 김민지, 김도연, 김진희, 이현아
제작 황장협 | **인쇄** 예림인쇄

━ 머리말

수년 전 필자의 브랜드인 비주얼 씽킹 with 파워포인트를 홍보하기 위해서 유튜브를 시작하게 되었다. 유튜브 영상을 본 모 기업의 교육 담당자는 "유튜브에 올리신 그 영상 어떻게 만드시는 거예요?" 파워포인트로 만들었다고 말씀드리자. "파워포인트로 영상 만드신 거 강의해 주실 수 있죠?" 이렇게 정말 우연한 기회에 영상을 강의하기 시작했다. 파워포인트 영상 제작은 코로나 팬데믹이 시작되면서 폭발적으로 성장하기 시작했다. 단체, 회사에서 요청이 쇄도했고 상품 소개, 마케팅, 정보 공유, 사내 교육으로 수많은 영상이 만들어졌다.

영상 제작 도구를 보면 크게 2가지 분류로 나뉘는 것 같다. 어도비 프리미어 프로, 소니 베가스, 파이널 컷 프로와 같은 고가의 소프트웨어와 스마트폰 영상 앱이 바로 그것이다. 하지만 영상 전문 소프트웨어는 2가지 단점이 있다.

첫 번째 방법은 배우는 데 시간이 너무 오래 걸리고, 너무나 많은 옵션과 기능을 배워야 영상 편집이 가능하다. 영상 전문가가 되려는 사람이 아닌 이상 긴 시간을 배움에 투자한다는 것은 어찌 보면 매우 비효율적인 것이다.

두 번째 고가의 비용을 지불해야 한다. 최근 많은 사람이 영상을 만들고 있는데, 그들은 전문가 수준의 영상보다는 자신의 이야기, 업무에 필요한 간단한 소개를 목적으로 영상을 만들 것이다. 이러한 목적으로 보자면 고가의 비용을 지불해야 할 이유가 있을까?

스마트폰 앱으로 만드는 영상도 2가지 단점이 있다. 첫 번째 컨트롤이 어렵다. 작은 화면으로 여러 가지 컨트롤을 하기에 불편하고, 특히 손가락이 굵은 사람이라면 원하는 대로 컨트롤되지 않아 편집을 포기하는 경우도 있을 것이다.

두 번째로 직장인의 경우 회사에서 영상을 편집하면 눈치가 보인다. 업무용 편집이라 해도 스마트폰을 보고 있으면 딴짓으로 오해받아 뒤통수가 따가운 상황이 연출될 수 있다. 또한 고개를 숙이고 한참 동안 들여다보면서 생기는 목, 등, 허리 통증은 덤일 것이다.

이 책은 개인용 컴퓨터가 보급되던 순간부터 컴퓨터 어딘가 설치되어 있던 '파워포인트'를 사용한다. 직장인이라면 엑셀과 더불어 업무 대부분의 시간을 보내는 그 소프트웨어 말이다. 파워포인트를 사용하여 영상을 만든다면 위에서 말한 4가지 단점을 대부분 극복할 수 있다.

> ❶ 친숙한 인터페이스로 배우는 시간이 매우 짧다.
> ❷ 추가적인 비용을 지불할 필요가 없다. 파워포인트만 있으면 된다.
> ❸ 키보드와 마우스를 이용해 컨트롤이 쉽다.
> ❹ 늘 사용하는 PC에서 영상을 만들어 내기 때문에 회사, 조직에서 인정받을 수 있다.

코로나 팬데믹으로 어지러운 상황에 책을 기획하고 원고를 작성했다. 아이디어가 있을 때마다 미팅 요청을 하면 늘 반갑게 맞이해 주는 편집자에게 감사의 마음을 표현한다. 그리고 건강하게 자라주는 두 아들 이미르, 이해밀 그리고 아내에게도 감사를 전한다. 이미 중년인 필자를 걱정하시며 사시는 부모님께도 감사의 마음을 전한다.

집필의 길은 순탄치는 않았다. 예제 선정, 책의 구성, 기능 설명까지 모든 것을 새롭게 만들어야 하는 책이었기 때문이다. 집필 과정에서 길을 잃은 적도 많았다. 그때마다 스승의 글과 영상 메시지로 잃어버린 길을 찾을 수 있었다. 삶의 존재 이유를 깨우쳐 주시고 내 안에 신성(神性)을 밝혀 주신 나의 스승 일지(一指) 이승헌 총장께 감사와 존경의 3배를 올린다.

SKY Lab Crew _ 이재현, 정민재

이 책 미리 보기

PART 01 영상 기획하기

'어떤 영상을 만들어서 어떤 사람들이 볼 수 있게 하겠다'는 전체 플랜을 잡고 영상을 제작하기 위한 초석을 다지는 단계입니다.

PART 02 영상 소스 사냥하기

파워포인트로 영상을 제작하기 위해서는 '이미지, 글꼴, 참고 영상, 아이콘' 등의 소스가 필요합니다. 이러한 영상 소스를 온라인 세계에서 잘 찾아 활용할 수 있는 노하우를 알아봅니다.

PART 03 영상 제작을 위한 파워포인트 기본기

영상을 만들기 위해 필요한 파워포인트 기본기를 다지는 단계입니다. 이러한 기술을 익힘으로써, 상상하는 영상 제작에 한 걸음 더 다가갈 수 있을 것입니다.

PART 04 영상 제작 실전

39가지의 실전 사례를 활용하여 파워포인트로 영상을 제작하는 방법을 엿봅니다. 사례마다 포함된 파워포인트 원본과 영상을 천천히 따라해 보면 좋은 영상을 만들 수 있을 것입니다.

PART 05 영상 완성하기

파워포인트로 영상을 완성하기 위해 저장하는 방법, 미디어 오류와 대처법 등을 간단하게 알아봅니다.

이 책의 학습에 필요한 '완성 PPT' 및 '영상 파일'은 영진닷컴 홈페이지(www.youngjin.com)의
[고객센터]-[부록 CD 다운로드]-[IT도서/교재]에서 도서명으로 검색한 후 압축 파일을 다운로드하여
사용하면 됩니다.

▲ 영진닷컴 홈페이지에서 부록 데이터 검색 모습

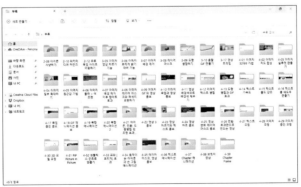

▲ 압축 파일 다운로드 후 압축을 해제한 모습

목차

PART 01 **영상 기획하기**

1-01 영상 기획하기 ·· 012

1-02 영상의 시작 스크립트 작성하기 ································ 016

PART 02 **영상 소스 사냥하기**

2-01 저작권이 자유로운 이미지 사이트 ························· 020

2-02 무료 글꼴 사냥하기 ··· 024

2-03 저작권이 자유로운 영상 사이트 ····························· 030

2-04 음악을 사냥하자 ·· 032

2-05 더빙을 사냥하자 ·· 036

2-06 구글링 무료 이미지 구하기 ····································· 039

2-07 영상 캡처 사냥하기 ··· 042

2-08 아이콘 사냥하기 ·· 045

2-09 Microsoft 365 전용 사냥터를 이용하자 ··············· 051

2-10 위키미디어 커먼즈 ··· 055

2-11 윈도우 이모지 사용하기 ·· 057

2-12 무료 목업 사이트 이용하기 ···································· 058

2-13 유튜브 다운로드하기 ··· 060

PART 03

영상 제작을 위한 파워포인트 기본기

3-01 파워포인트 영상 제작의 달인이 되는 법 **066**

3-02 작업 전 세팅이 먼저다 **067**

3-03 빠른 작업을 위한 단축키 **070**

3-04 색을 조합하자 **071**

3-05 이미지, 영상 자르기 기능 **075**

3-06 이미지 흐리게, 밝기 대비 기능 **084**

3-07 이미지 배경 제거 **088**

3-08 레이어 마스크 **101**

3-09 도형 병합하기 **106**

3-10 움짤 GIF 만들기 **112**

3-11 표 만들기 **115**

3-12 차트 만들기 **118**

3-13 텍스트 강조하기 **121**

3-14 목적에 맞는 영상 크기 설정하기 **124**

3-15 전환 효과 **127**

3-16 음악 설정하기 **130**

3-17 영상 트리밍 **133**

3-18 애니메이션 **135**

PART

04

영상 제작 실전

4-01 이미지 32:9 기법 **144**

4-02 이미지 지도 합성 **146**

4-03 이미지 실루엣 만들기 **150**

4-04 이미지 일부 확대하기 **155**

4-05 원근감 기법 **158**

4-06 이미지 블러 및 색 조정 **162**

4-07 이미지 배경 제거 후 팝아트 효과 적용하기 **165**

4-08 이미지 레이어 마스크와 메시지 표현 **168**

4-09 GIF 만들기 **172**

4-10 이미지 목업과 영상 콤보 **175**

4-11 배경색으로 전체 배경색 채우기 **178**

4-12 이미지 텍스트 병합 **181**

4-13 도형 병합과 GIF, 영상 콤보 **185**

4-14 텍스트 가속도 **188**

4-15 텍스트 볼드 강조 **191**

4-16 롱 쉐도우 만들기 **194**

4-17 목업 줌인 콤보 **199**

4-18 GIF 애니메이션 콤보 **203**

4-19 복합 애니메이션 01 .... **205**

4-20 복합 애니메이션 02 .... **208**

4-21 아이콘, 전환, 도형 병합, 핀 조명 효과 콤보 **212**

4-22 영상 3콤보 **217**

4-23 영상 자르기와 텍스트 콤보 **221**

4-24 영상 차트 콤보 **225**

4-25 영상, 변화 레이어 마스크 콤보 ································ 229

4-26 전환 효과만으로 만드는 영상 ································ 232

4-27 텍스트 모핑 ································ 236

4-28 이미지 모핑 ································ 238

4-29 이미지 줌인 모핑 ································ 241

4-30 3D 모델 모핑 ································ 243

4-31 PIP(Picture in Picture) ································ 246

4-32 넷플릭스 인트로 만들기 ································ 249

4-33 표와 '흐리게' 효과 ································ 252

4-34 움직이는 아이콘과 손그림 애니메이션 ································ 255

4-35 레이어 마스크, 영상 콤보 ································ 258

4-36 텍스트 애니메이션 ································ 260

4-37 Chapter 애니메이션 ································ 264

4-38 브릿지 영상 ································ 266

4-39 Chapter Frame ································ 270

PART
05

영상 완성하기

5-01 파워포인트에서 영상을 저장하는 세 가지 방식 ································ 276

5-02 컷 편집으로 불필요한 영상 제거하기 ································ 280

5-03 미디어 오류와 대처법 ································ 283

영상 기획이란 '어떤 영상을 만들어서 어떤 사람들이 볼 수 있게 하겠다'는 전체 플랜을 잡는 것이라고 할 수 있다. 파워포인트 영상 제작의 목적은 크게 5가지의 기획을 생각할 수 있는데 '교육용 영상 제작, 정보 전달 영상, 제안용 영상, 마이크로 러닝, 유튜브 영상'이 바로 그것이다.

영상 기획하기

1-01 영상 기획하기

1-02 영상의 시작 스크립트 작성하기

1-01 영상 기획하기

'유튜브에 올라오는 하루치 동영상을 모두 보려면 8년이 걸린다'는 말이 있다. 대략 분당 500시간가량 업로 드되고 있다는데, 이렇게 업로드된 영상 중에 특정 목적을 가지고 기획하고 촬영한 영상을 보면서 우리는 즐기고, 정보를 얻고 때로는 눈물 흘리기도 한다. 영상의 기획이란 '어떤 영상을 만들어서 어떤 사람들이 볼 수 있게 하겠다는 전체 플랜을 잡는 것'이라고 할 수 있다. 이 책에서 배워 볼 우리의 목적은 아래와 같이 크 게 다섯 가지의 기획을 생각할 수 있다.

1 교육용 영상

특정한 교육을 목적으로 만드는 영상이다. 코로나19로 인해 비대면 교육이 폭발적으로 증가했고 교육의 증 가는 영상의 제작을 촉발했다. 교육용 영상에는 스크린을 녹음하는 기술이 매우 중요하며, 교수자의 얼굴이 들어가야 할 필요가 있다면 파워포인트에서도 얼마든지 가능하다. 마이크로소프트 365와 같은 높은 버전의 파워포인트에서는 크로마키 기능을 사용하는 것도 가능하다.

정보 전달 영상

특정한 이슈, 기업의 이미지 제고, 내외부 이해관계자 정보 전달을 위해서 제작하는 영상이다. 인사팀에서는 최근 변화되고 있는 인사제도를 영상으로 만들 수 있고, 보안팀에서는 최근 기업 보안에 대한 최신 뉴스를 영상으로 만들 수도 있다.

제안용 영상

특정한 제품을 설명하고 소개하기 위한 영상이다. 필자의 프로그램과 함께 진행했던 수많은 기업은 판매하는 제품에 대한 영상을 파워포인트로 만들었고, 이것을 고객사에 보내는 형태로 영상 제작 프로젝트를 진행했다.

4 마이크로러닝 영상

최근 국내 럭셔리 리조트 A그룹은 본 프로그램을 도입하여 실무 담당자들에게 영상을 만들도록 하였다. 파워포인트에 기본 기능을 학습하고 애니메이션을 더하여 실무 담당자들에 업무 매뉴얼을 모두 영상화한 것이다. 이렇게 만들어 낸 영상을 사내 인트라넷에 올려 마이크로러닝의 역할을 하게 되었다.

5 유튜브 영상

코로나19로 인해 여행업계는 큰 타격을 입었을 때 한국여행업협회와 함께 여행업 종사자를 위한 영상 콘텐츠 제작 과정을 진행하였다. 자신들의 여행 상품을 영상으로 제작하고 이렇게 제작된 영상을 유튜브에 올림으로써 코로나19 종식 이후에 진행될 상품을 사전에 준비하는 시간을 가진 것이다. 이렇게 만들어진 영상은 실제 유튜브에서 많이 찾아볼 수 있으며 여행업계의 종사자들이 희망을 품게 하는 결과를 나타냈다.

6 영상 기획을 위한 최고의 방법

영상 기획의 지름길은 벤치마킹 즉, '모방'으로, 만들고 싶은 영상을 플랫폼에서 찾아내는 것이다. 지속적으로 따라하고 싶다면 구독과 알림 설정을 하고 보면서 벤치마킹하는 것이다. 유튜브의 경우 여러 가지 채널을 만들 수 있는 기능이 있다. 여러 가지 채널을 만들어서 다양한 개인 방송을 하라는 의도에서 구글이 만들어 놓은 것으로 보인다. 하지만 이것을 각기 다른 형태의 계정별 구독으로 사용할 수 있다. 필자의 경우 유튜브에 여러 개 계정을 만들고 계정별 구독을 다르게 한다. 예를 들면, 아래와 같다.

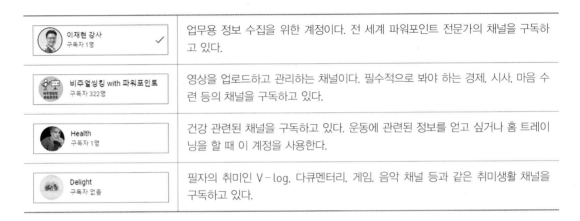

이재현 강사 구독자 1명 ✓	업무용 정보 수집을 위한 계정이다. 전 세계 파워포인트 전문가의 채널을 구독하고 있다.
비주얼씽킹 with 파워포인트 구독자 322명	영상을 업로드하고 관리하는 채널이다. 필수적으로 봐야 하는 경제, 시사, 마음 수련 등의 채널을 구독하고 있다.
Health 구독자 1명	건강 관련된 채널을 구독하고 있다. 운동에 관련된 정보를 얻고 싶거나 홈 트레이닝을 할 때 이 계정을 사용한다.
Delight 구독자 없음	필자의 취미인 V-log, 다큐멘터리, 게임, 음악 채널 등과 같은 취미생활 채널을 구독하고 있다.

관련 영상을 벤치마킹하고 업무를 효율적으로 하는 가장 빠른 방법이다. 영상에 대한 기획과 벤치마킹은 업무용 정보 수집 채널을 위주로 한다. 나머지 채널은 정보를 얻거나 정보를 수집하기 위한 방법을 사용하고 있다.

1-02 영상의 시작 스크립트 작성하기

스크립트는 영상을 기획하고 작성하는 모든 것이라고 할 수 있다. 다음과 같은 스크립트 양식을 이용해서 내가 만들려는 영상의 전체 구조를 만들어 보자. 영상 목적에 따른 분류를 하면 다음과 같다. 필자가 영상을 만들어 오는 동안 크게 세 가지의 목적으로 영상을 만들어 냈다.

1 세 가지 스크립트

• 교육용 영상 스크립트

강의를 목적으로 하는 사람들이 만드는 영상이다. 자신의 콘텐츠를 전체 구조화하고 강의용 파워포인트를 만든 뒤 자기 얼굴을 넣어서 영상으로 만들게 된다. 교육을 목적으로 하므로 길어지는 경우가 많아서 간략하게 정리하는 것이 핵심이다.

• 제안용 영상 스크립트

기업의 영업, 마케팅용 영상이다. 제품을 간단하게 설명하거나 이른 시간 안에 고객을 이해시키기 위해 대부분 5분을 넘지 않으며 간결하게 만드는 것이 핵심이다. 그러한 이야기보다 이미지로 임팩트를 주거나 영상으로 사실을 증명하는 것이 좋다. 우리 제품이 타사 제품보다 우월한지, 우리 제품을 구입했을 때 어떠한 이익이 있는지, 짧고 분명하게 설명하는 것이 핵심이다.

• 정보 공유용 영상 스크립트

대학에서 입학사정관이 대학의 입학 전형을 안내하거나 기업에서 내외부 이해관계자에게 정보를 공유하기 위해서 사용하는 영상이다. 대부분 3분을 넘지 않으며 빠르고 몰입감 있게 만드는 것이 특징이다.

스크립트를 벤치마킹하자

스크립트를 만드는 가장 좋은 방법은 모방하는 것이다. 가장 빠른 방법을 소개한다.

- 영상을 플레이하고 스마트폰 녹음 기능을 이용하여 내레이션을 녹음한다.
- 녹음된 파일을 클로바 더빙 앱에서 불러온다. 클로버 더빙 앱은 음성을 텍스트로 만들어 주는 강력한 기능을 가지고 있다.
- 클로바 더빙 앱에서 텍스트를 가져와 워드 또는, 한글로 가져와서 읽어본다.
- 해당 스크립트를 이용해서 나의 스크립트로 바꿔 본다.

Foxified 크롬
확장프로그램을
이용한 영상 MP3 다운로드

클로바 노트를 이용한
텍스트 변환

한글, 또는 워드를
이용한 스크립트 확인

내가 원하는
스크립트 바꿔보기

영상을 만들기 위해서 이미지, 글꼴, 영상, 음악, 내레이션, 아이콘, 지도, 이모지, 영상 캡처법과 같은 소스가 필요하다. 이러한 소스는 온라인 세상에 무수히 많이 있는데, 원하는 소스를 적절히 가져다 사용하는 것은 영상 제작에 필수다. 더불어 저작권에 대한 충분한 정보가 필요한데, PART 02에서는 이러한 기술에 대한 이야기다.

영상 소스 사냥하기

2-01 저작권이 자유로운 이미지 사이트

2-02 무료 글꼴 사냥하기

2-03 저작권이 자유로운 영상 사이트

2-04 음악을 사냥하자

2-05 더빙을 사냥하자

2-06 구글링으로 무료 이미지 구하기

2-07 영상 캡처 사냥하기

2-08 아이콘 사냥하기

2-09 Microsoft 365 전용 사냥터를 이용하자

2-10 위키미디어 커먼즈

2-11 윈도우 이모지 사용하기

2-12 무료 목업 사이트 이용하기

2-13 유튜브 다운로드하기

2-01 저작권이 자유로운 이미지 사이트

영상을 만들기 위해서 사용할 수 있는 무료 이미지 사이트는 매우 많다. 가장 대표적인 사이트를 알아보면 'Pexels.com, Pixabay.com, Unsplash.com' 등이다. 이 사이트 모두 초고해상도 이미지가 매우 많이 있다.

1 픽사베이(Pixabay.com)

로그인하지 않아도 되고 한글을 지원하며, 무료 이미지 사이트에서 가장 유명하다. 이미지, 사진, 벡터 그래픽, 일러스트, 비디오, 음악, 효과음 등 방대한 무료 소스를 얻을 수 있다.

회원가입 이후 자신의 사진이나 영상을 10개 올리게 되면 광고가 사라진다. 픽사베이 라이선스 안내 문구를 확인하고 무료 다운로드를 선택하면 된다. 상업적 용도로 사용 시 반드시 라이선스 문구를 확인하자.

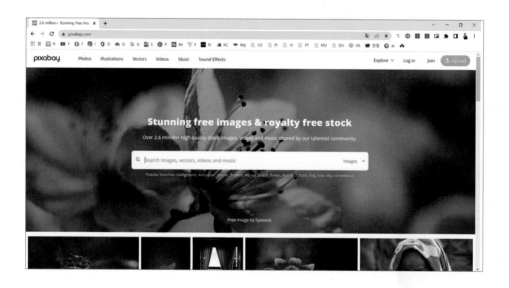

2 픽셀스(Pexels.com)

로그인하지 않아도 되고 한글을 지원하며, 사진, 비디오가 방대한 무료 소스를 얻을 수 있다. 최근 새로운 영상도 대폭 증가하였으며 인종, 대륙별로 다양한 영상과 이미지를 찾을 수 있다.

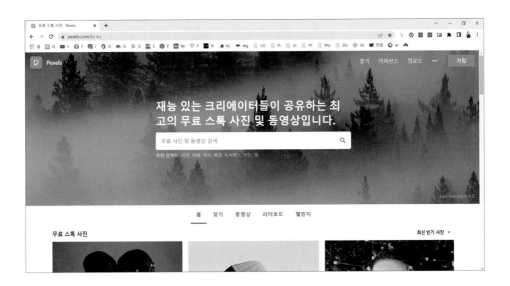

3 언스플래시(unslplash.com)

로그인하지 않아도 다운로드를 할 수 있으나 한글을 지원하지 않는다. 이미지 전문 사이트이며 인스타그램 감각의 이미지가 매우 많다.

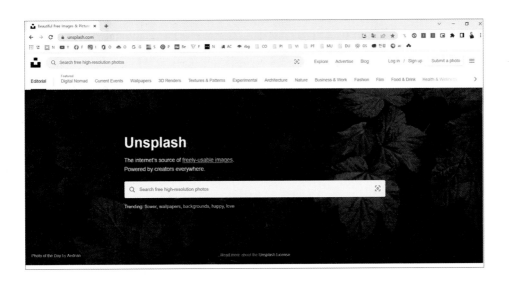

● **유료 이미지를 클릭하지 않도록 주의하자**

사이트를 운영하기 위해서 스폰서가 필요한 경우는 이해한다. 하지만 우리는 특정한 비용을 지불하지 않고 이미지를 얻기 원하기 때문에, 비용을 지불해야 하는 스폰서 이미지를 클릭하지 않도록 주의하자. 유료 이미지 광고를 회피하는 방법이 있다. 픽사베이(Pixabay.com)의 경우 회원가입 후 자신의 사진이나 영상을 10개 올리면 광고가 사라진다.

● **검색할 때는 한글 검색과 영문 검색을 모두 하자**

한글로 검색했을 때 결과와 영문 키워드로 검색했을 때의 결괏값은 다르게 나오는 경우가 많다. 이러한 해외 사이트에서는 한글보다 영문으로 검색하면, 더 풍부한 결과를 얻을 수 있다.

● **너무 큰 이미지를 다운로드하지 않도록 주의하자**

우리에게 필요한 것은 고화질 이미지지만, 파워포인트로 영상을 만드는 이상 파워포인트 용량을 관리해야 한다. 파워포인트 용량이 너무 커지면 영상에 애니메이션이나 전환 효과가 버벅거리는 경우가 많다. 따라서 용량은 HD(1270X720) 또는, FHD(1920X1080) 이미지를 다운로드하는 것이 유리하다.

용량이 크지만, 꼭 필요한 이미지라면 삽입 후 그림 압축을 할 수 있다. 이미지를 선택하고 [그림 서식] 탭-[조정] 그룹-[그림 압축]을 클릭하면 나타나는 [그림 압축] 대화상자에서 해상도를 조정하면 된다.

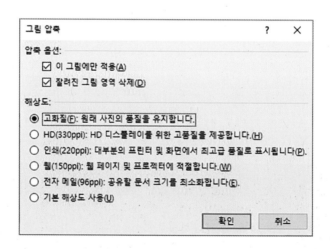

● 이미지를 무료 공유하신 분에게 감사를 표현하자

무료 이미지 사이트는 참여하는 사람들이 업로드한 이미지가 거의 대부분이다. 아래 댓글란이 있으며 댓글로 감사의 인사 정도는 나누도록 하자.

그 외 무료 이미지 사이트는 다음과 같다.

버스트	burst.shopify.com
프리픽	freepik.com
스톡스냅	stocksnap.io
프리렌지	freerangestock.com
모그파일	morguefile.com
페이퍼스	papers.co
픽점보	picjumbo.com

위 사이트는 저작권을 충분히 알아보고 사용하자.

2-02 무료 글꼴 사냥하기

우리는 잘 만들어진 영상을 봤을 때 사용한 글꼴이 궁금해질 때가 있다. 영상의 목적과 부합하는 글꼴을 사용하는 것은 매우 중요하다. 영상에 딱 맞는 글꼴을 찾고 활용법에 대한 내용을 알아보자.

1 글꼴의 두 가지 구분

글꼴은 가장 기본적으로 명조와 고딕으로만 구분한다. 명조는 돌기나 삐침이 있는 글꼴을 말하며, 돌기나 삐침 없이 각이 지고 매끈한 경우 고딕이라고 한다. 일반적으로 고딕의 느낌은 남성적이며 사무적인 느낌이다. 반면 명조의 느낌은 여성적이고 감성적인 느낌을 연출할 수 있다. 어떤 글꼴이 좋다기보다는 영상의 주제와 맞는 글꼴을 사용하는 것이 가장 좋다.

예를 들어, 아래와 같이 강력한 메시지를 던지고 싶다면 두껍고 강한 고딕 계열의 글꼴을 활용하는 것이 좋다.

▲ 에스코어 드림 8 Heavy/나눔스퀘어 라이트

▲ 경기천년제목 Bold

여행 브이로그, 감정 캠핑, 분위기 있는 영상에는 명조 계열의 글꼴이 더 어울린다고 할 수 있다.

▲ 나눔 명조

▲ Lucida Handwriting/나눔손글씨 붓

영상에서 어떤 말을 하고 싶은지, 어떤 느낌과 스타일로 표현하고 싶은지 고민하고 폰트를 선택하자.

2 | 무료 글꼴의 시대

최근 상업적 용도로 사용해도 출처를 밝히지 않아도 되는 글꼴이 매우 많아졌다. 이러한 무료 글꼴을 만드는 곳은 대부분 기업, 지자체와 같은 마케팅이 필요한 조직이다. 그렇다면 왜 무료 글꼴을 만드는 것일까? 답변은 간단하다. 글꼴을 이용하다 보면 브랜드명을 자주 쓸 수밖에 없고 자주 사용하다 보면 브랜드가 노출되기 때문이다. 눈으로 보고, 입으로 전해지고, 영상으로 전파되기 때문에 매우 유용한 마케팅 방법이라 할 수 있다. 최근 가장 유행인 무료 글꼴을 알아보자.

순천	순천체B 순천체R
흥국생명	이서윤체 심경하체 전화선체

해남군	**해남체**
김포시	**김포평화제목체**
김해시청	**김해가야B** 김해가야R
횡성군	**횡성한우체**
충북대학교	**충북대70주년체B** 충북대70주년체R **충북대직지체**
카페24	**카페24클래식타입** **카페24써라운드** 카페24심플해 카페24빛나는별

대한민국 공군	강한공군체M **강한공군체B** **바른공군체B** 바른공군체M
한국무역협회	한국무역협회
상주시청	상주다정다감체 **상주곶감체** **상주경천섬체** 상주해례본체
교보문고	교보성지영체 교보박도연체
웰컴저축은행	**웰컴체B** 웰컴체R
코트라	**코트라볼드체** 코트라고딕체 코트라손글씨체
창원시 농업기술센터	창원단감아삭

원스토어	**원모바일POP** 원모바일B 원모바일R 원모바일L **원모바일Title**
티웨이	**티웨이항공체** **티웨이하늘체** **티웨이날다체**
이랜드	**이랜드초이스B** 이랜드초이스L 이랜드초이스M **이랜드나이스M**

3 글꼴 설치하기

❶ 글꼴 설치하는 방법은 간단하다. 앞서 소개한 '카페24 폰트'를 검색하면 아래와 같은 사이트가 나온다. 다운로드를 클릭하면 내 컴퓨터 저장되는 것을 확인할 수 있다.

카페24 한글폰트　　　　　　　　　　　　　　　　　　　　　　　　　　　📄 폰트 라이선스 안내

NEW

카페24 클래식타입
가나다라마바사아자
차카타파하@{#}
ABCDEFGHabcde
0123456789

카페24 써라운드 에어
가나다라마바사아자
차카타파하@{#}
ABCDEFGHabcde
0123456789

카페24 써라운드
가나다라마바사아자
차카타파하@{#}
ABCDEFGHabcd
0123456789

카페24 클래식타입 다운로드　　↧　　카페24 써라운드 에어 다운로드　　↧　　카페24 써라운드 다운로드　　↧

❷ 다운로드 받은 압축 파일을 마우스 오른쪽 버튼으로 클릭한 후 [압축 풀기]를 선택한다.

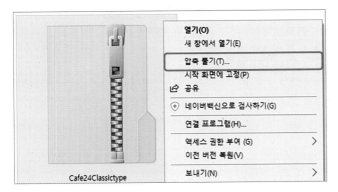

❸ 압축을 해제한 폴더 안의 파일을 다시 마우스 오른쪽 버튼으로 클릭한 후 [설치]를 선택하면 폰트가 설치된다.

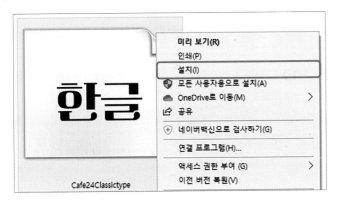

저작권이 자유로운 영상 사이트

영상을 만들기 위해서 사용하는 영상은 크게 두 가지로 나눌 수 있다. 첫 번째로 직접 촬영 영상이다. 최근 스마트폰의 성능이 좋기 때문에 직접 촬영해도 문제가 없다. 두 번째로 만들어진 영상을 무료로 다운로드하는 것이다. 영상 클립을 무료로 제공하는 사이트는 최근 폭발적으로 늘어나고 있으며 상업적 용도로 사용해도 전혀 문제가 없는 곳들이 많이 있다. 가장 대표적인 두 사이트를 소개한다.

1 픽사베이(Pixabay.com)

앞서 이미지에서 설명한 그 픽사베이(Pixabay.com)가 맞다. 픽사베이는 이미지와 함께 영상, 음악, 사운드 효과까지 엄청나게 많은 영상 클립을 보유하고 있다. 회원가입 후 사진이나 영상 10개를 올리면 광고가 사라진다.

무료 다운로드를 클릭하면 'HD 1280 * 720, FHD, 4K 3840 * 2160'과 같은 해상도를 확인할 수 있다. 파워포인트로 영상을 만들 때 가장 적합한 해상도는 'HD 1280 * 720, FHD'이다. 필자가 테스트한 결과 'HD 1280 * 720'을 사용해도 영상에는 전혀 문제가 없으며 용량이 적은 영상 파일일수록 파워포인트 작업에 유리하다. '4K 3840 * 2160'과 같은 크기의 영상은 절대 금물이다.

2 　픽셀스(Pexels.com)

픽사베이와 함께 쌍벽을 이루는 영상 클립 사이트다. 한국어를 지원하며 영상 클립에 다운로드 크기도 조정이 가능하다. HD, FHD 품질의 영상만 다운로드하자.

3 　사이트 사용 시 주의할 점

무료 영상 사이트에서 주의할 점은 영상 크기를 잘 보고 다운로드하는 것이다. 예를 들어, 영상 크기가 135MB인 클립을 파워포인트에 삽입한다면 파일 용량은 엄청나게 불어나게 될 것이다. 엄밀하게 말하면 파워포인트는 프레젠테이션을 위한 프로그램이기 때문에 영상의 용량을 잘 살핀 후 사용하자.

2-04 음악을 사냥하자

영상에서 음악의 효과는 절대적이다. 음악이 분위기를 좌우하고 전체적인 톤 & 매너를 잡는 역할을 하기 때문이다. 영상이 정적이라면 편안한 피아노 음악이 어울릴 것이고, 영상이 매우 동적이라면 댄스 음악이나 펑키 리듬이 더 어울릴 것이다. 이러한 음악을 구하기 위해서는 여러 가지 무료 음원 사이트를 이용할 수 있다. 음악은 저작권에 매우 민감하므로 반드시 자세히 알아보고 사용해야 한다.

1 벤사운드(bensound.com)

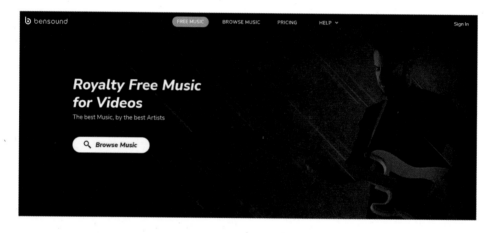

벤사운드(www.bensound.com)에는 여러 가지 상황에 적절한 음악이 많다. 필자도 수많은 유튜브 영상에 밴사운드의 음악을 사용했으며 만족도가 매우 높은 편이다. 간단한 인터페이스와 단순한 다운로드 기능으로 사용성이 매우 좋으며, 유료 음악과 무료 음악으로 나뉜다. 무료 음악은 사용 시 출처를 반드시 밝혀야 하며 사용 범위가 정해져 있다. 음악의 출처를 밝힐 때는 영상 상세 설명에 작성하면 된다.

유튜브 오디오 라이브러리

영상을 유튜브에 올리기 위해서 이 책을 구입한 독자가 많을 거로 생각한다. 사실상 유튜브를 하기 위해서 필요한 음악은 유튜브에 다 있다고 보는 것이 맞다. 구글은 유튜브에 많은 영상을 올리기 위해서 독려하고 있고, 이것을 위해서 수많은 음악을 무료로 제공하고 있다.

먼저 유튜브 스튜디오(https://studio.youtube.com/)로 접속 후 로그인한다. 좌측의 메뉴 중 [오디오 보관함]을 클릭한다.

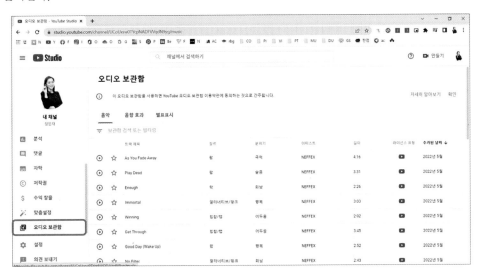

유튜브 오디오 라이브러리를 사용하기 위해서 알아야 할 것은 Sorting이다. 가장 먼저 해야 하는 '저작자 표시 필요' 부분이다. 필자는 대부분 [저작자 표시 필요 없음]을 체크하고 사용한다. 다음은 '분위기'를 선택한다. 대부분 밝고 행복하고 낭만적인 음악을 찾는 경우가 대부분이다. 마지막으로 음악의 지속 시간 '길이'이다. 유튜브 라이브러리에는 10분 가까이 되는 음악부터 1분 이하의 음악까지 다양하게 있다.

3 　**유튜브 오디오 라이브러리 사용 주의할 점**

개인적인 목적으로 영상을 만들고 친구나 가족과 공유한다면 상관없겠지만, 온라인에 업로드할 목적으로 만든다면 조심해야 한다. 유튜브 오디오 라이브러리의 목적은 구글에서 유튜브를 최대한 많은 사람이 참여할 수 있도록 만든 것이기 때문에 유튜브 이외의 플랫폼에 올리는 것에 대해서 일부 제재가 있을 수 있다.

4 　**유튜브 채널의 저작권 무료 음악들**

유튜브에는 저작권이 없는 음악들이 넘쳐난다. 댄스, 재즈, 일렉트로닉, 클래식까지 장르도 다양해서 매우 유용하다. 여기 대표적인 유튜브 저작권 무료 음악 채널을 소개한다.

● No Copyright Background Music

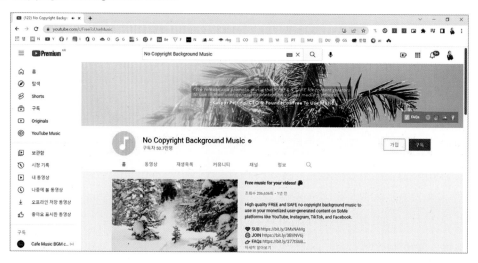

약 50만의 구독자를 보유한 유튜브 채널이다. 수백 곡의 음원이 등록되어 있으며, 다양한 분위기의 음악이 있는 것이 특징이다.

● RFM – Royalty Free Music [No Copyright Music]

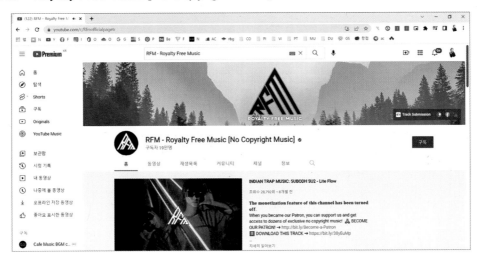

약 20만의 구독자를 보유한 유튜브 채널이다. 수백 곡의 음원이 등록되어 있으며, 저작권 표기 없이 마음대로 사용할 수 있다.

위에 언급한 유튜브 채널 이외에 유튜브에서 검색어 '무료 음원, 무료 브금(브금 = BGM을 소리나는 대로 읽은 말이다), 브이로그 브금' 등으로 검색하면 수많은 무료 음원을 찾을 수 있다.

5 각종 효과음 사이트

유튜브를 하기 위해서는 효과음도 매우 중요하다. 무료로 배포하는 효과음 사이트가 있다. 어떤 사이트는 출처 표기가 필요하므로 유튜브를 비롯한 플랫폼에 올린다면 출처를 밝히고 사용하자.

zigtone.com	audiomicro.com
freesound.org	soundeffectsplus.com
soundbible.com	freemusicarchive.org

2-05 더빙을 사냥하자

더빙(Dubbing)은 목소리를 이용해서 영상에 정보를 전달하는 방법이다. 더빙을 하기 위해서는 직접 더빙 방식과 프로그램을 사용하는 방식이 있다. 이곳에서 자세히 알아보자.

1 직접 더빙하기

직접 더빙을 하기 위해서는 고가의 장비인 마이크와 특정 장비가 필요한 경우도 있다. 필자가 사용하는 것은 소니 ICD-TX650 보이스 레코더와 보야 BY-PM700 콘덴서 마이크이다. 소니 보이스 레코더는 최근 유튜버들이 가장 많이 사용하는 '김부각' 보이스 레코더로 불리는 제품이며, 가벼운 중량과 긴 녹음 시간이 특징이다. 거치용 보야 콘덴서 마이크는 온라인 강의 및 거치한 상태에서 말할 때 매우 유용하다.

그러나 이렇게 고가의 장비가 꼭 필요한 것은 아니다. 우리가 모두 가지고 있는 스마트폰의 녹음 애플리케이션이 매우 뛰어난 성능을 가지고 있기 때문이다. 필자의 아이폰 12 녹음 기능도 영상에 사용할 수 있을 정도로 매우 탁월하다.

▲ ICD-TX650　　　　▲ BY-PM700　　　　▲ 아이폰 녹음 앱

2 녹음 앱 사용 시 주의할 점

녹음 앱을 사용할 경우 스마트폰의 위치와 공간의 울림 상태를 확인하고 녹음하는 것이 좋다. 필자가 테스트를 해본 결과 스마트폰을 탁자 위에 편안하게 올려 두고 말하는 것이 좋다. 스마트폰을 전화하듯 얼굴에 너무 가까이 가져가면 숨소리가 들어가고 소리가 너무 커지면서 더빙이 쉽지 않게 만들어진다.

스마트폰의 수음 기능이 너무 좋은 경우 시계의 째깍거리는 소리가 들어가기도 하고, 주위 소음이 녹음된 경우도 있다. 따라서 반드시 충분한 테스트가 우선 되어야 한다.

3 AI 더빙 서비스 이용하기

● 클로바 더빙

네이버에서 만든 AI 더빙 서비스이다. 클로바 AI를 이용한 여러 서비스 중 하나로 국내에서 가장 많이 사용하는 더빙 소프트웨어이다.

● 클로바 더빙의 특징

클로바는 수백 가지의 목소리를 구현할 수 있다. 목소리는 스타일, 성별, 연령대, 언어별, 감정까지도 원하는 형태를 구현할 수 있으며 커스터마이징도 가능하다. 사용법은 다음과 같다.

❶ [더빙 추가]를 클릭하여 원하는 텍스트를 입력한다.
❷ [미리 듣기]를 클릭하여 실제 소리를 테스트한다. 이때 띄어쓰기와 다양한 기호를 사용하여 원하는 소리인지 확인한다.
❸ [+더빙 추가]를 클릭하여 소리를 넣는다.
❹ [다운로드]를 클릭하여 MP3 형태로 내려받는다.

● 클로바 더빙의 무료 사용량

1개월에 가능한 무료 글자 수는 15,000자이며 다운로드 수 20회로 제한된다. 필자가 사용해 본 결과 이 정도면 2분 이하의 영상 제작이 가능하다. 약 2분 이상 영상을 내레이션으로 만들고자 할 경우 유료 결제가 필요하다.

네오사피엔스사의 인공지능 더빙 서비스이다. 네이버 클로바와 함께 국내 AI 더빙 서비스의 양대산맥이라 볼 수 있다. 타입캐스트의 강점은 다큐, 낭독, 라디오, 광고, 동물 소리, 애니메이션 캐릭터, 사투리, 훈련 조교, 팟캐스트, 분위기 설정 같은 다양한 소리가 많다는 것이다. 목소리나 상황별 다양성이 가장 많은 플랫폼이라 할 수 있다.

유료로 결제한다면 출처는 필요하지 않다. 무료 플랜으로 개인용 온라인 채널(유튜브 등)에 콘텐츠를 업로드할 경우 타입캐스트에서 제작되었다는 표기가 필요하다. 관련 내용은 https://typecast.ai/kr/guideline 을 참고하자.

❶ [내 프로젝트]−[새로 만들기]−[오디오], [비디오], [가져오기] 중 클릭한다.
❷ [캐릭터 이름] 클릭하고 캐릭터를 선택한다.
❸ [문단 추가하기]를 클릭하여 텍스트를 작성하고, [플레이]를 클릭하면 내레이션을 확인할 수 있다.
❹ [다운로드]를 클릭하여 파일을 다운로드하자.

2-06 구글링으로 무료 이미지 구하기

무료 이미지를 찾는 가장 빠르고, 쉬운 방법은 '구글링'하는 것이다. 구글에서 이미지를 찾는 3가지 단계를 알아보자.

1 1단계 : 단어 연상

단어를 선택할 때는 로고나 마크같은 경우 명사는 검색하여 사용하면 된다. 그러나 메시지나 스토리 또는, 상징성을 부여하고 싶을 경우 연상을 사용하는 것이 좋다. 예를 들어, 'GOOGLING'이라는 검색을 할 때 이렇게 우리 돋보기 모양을 볼 수 있다.

돋보기 모양을 그냥 사용하면 되지만 '구글링'이라는 대명사가 생기기 전까지는 '웹 서핑'이라는 말이 더 많이 사용했었다. 구글에서 'web surfing'으로 검색하면 다음과 같은 결과를 볼 수 있다.

서핑이라는 이미지를 보다 보니 항해(sailing)라는 단어가 떠오른다. 검색어를 바꿔서 검색하면 아래와 같은 이미지들이 많이 나온다.

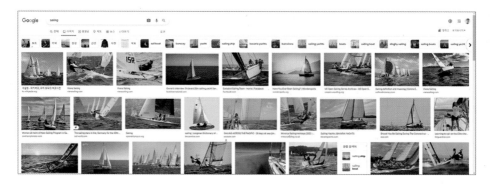

결국 구글링이라는 돋보기를 사용해도 되지만 항해와 같은 이미지를 찾아내는 것도 좋은 연상법이다. 이렇게 단어를 선정하고 나온 결괏값을 이용해서 연상을 해보면 우리가 원하는 이미지를 찾을 수 있다.

2 │ 2단계 : 검색어 조합

단어 띄어쓰기, 형식 띄어쓰기 마지막으로 확장자를 사용한다. 예를 들어, 기아 로고를 찾는다면 영문으로 'KIA' 입력 후 띄고, 'LOGO' 입력 후 띄고, 'PNG'를 입력하여 검색을 해보자. 가장 먼저 명제인 KIA를 찾고 형식은 LOGO를 찾는다. 마지막으로 확장자인 PNG가 있는 파일을 찾아 준다. 아래와 같은 결과를 볼 수 있다.

가장 먼저 나오는 결괏값이 구글에서 인기가 많은 결과물이다. 그러나 현재 기아는 로고가 변경되었다. 따라서 변경된 로고를 클릭하면 다음과 같은 결괏값을 나타나게 된다. 변경된 로고 안에서 찾아내는 것도 좋은 방법이다.

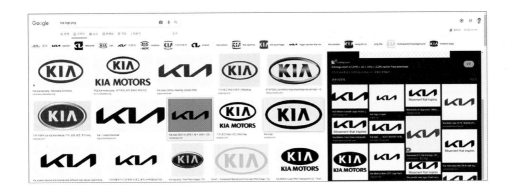

3 3단계 : 도구 설정

검색이 완성되면 도구를 이용하여 이미지를 세부 검색한다. 도구를 다섯 가지 '크기, 색상, 유형, 시간, 사용권'으로 나뉜다. 유형과 시간은 잘 사용하지 않으므로 세 가지만 설명하겠다.

크기	모든 크기, 큼, 중간, 아이콘, 네 가지로 나뉜다. 큼으로 된 이미지가 1천 픽셀 이상의 이미지이므로 사용하기 가장 좋다.
색상	원하는 색상을 선택할 수 있다. 영상 콘셉트에 맞는 색을 고르면 된다.
사용권	크리에이티브 커먼즈 라이선스 : 출처를 밝히고 사용 가능한 이미지들이다. 상업 및 기타 라이선스 : 상업용 이미지 사이트이다. 원하는 이미지를 구입할 수 있는 사이트로 이동한다.

구글링 이미지에서 가장 중요한 것은 저작권을 확인하는 것이다. 가능하다면 크리에이티브 커먼즈 라이선스를 사용하는 것이 가장 올바른 방법이며 영상에서 출처를 밝히는 것은 기본이다.

2-07 영상 캡처 사냥하기

필자가 K사 강의를 할 때이다. 한 학습자가 영상으로 된 K사의 웹 사이트를 캡처하는 방법은 없는지 질문하였다. 이처럼 특정 PC 화면을 캡처해서 영상에 사용하고 싶을 때가 있다. 이런 경우 녹화 프로그램을 사용하면 PC 화면을 캡처할 수 있다. 지금부터 영상 캡처의 두 가지 방법을 알아보자.

1 Xbox Game Bar

Xbox Game Bar는 윈도우 게임을 녹화하는 목적으로 윈도우에 기본 장착되어 있다. 따라서 별도의 프로그램을 설치하지 않고 사용하는 가장 빠른 방법이다. 운영체제가 윈도우 10 이상이라면 ⊞+G를 눌러보자. 아래와 같은 Xbox Game Bar가 나타난다.

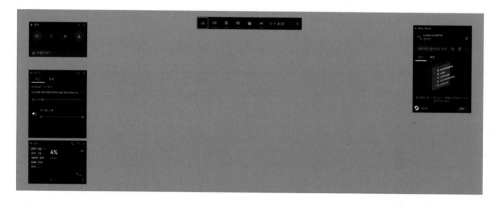

왼쪽 상단 화면 캡처 상자 중에서 녹화 버튼을 클릭하거나 ⊞+Alt+R을 누르면 녹화가 시작된다. 또한 마무리할 때 오른쪽 상단 정지 버튼을 클릭하거나, Esc를 누르면 화면 녹화는 정지하게 된다. 녹화된 영상은 [내 PC]-[동영상]-[캡처] 폴더에서 확인할 수 있다.

본 소프트웨어는 설치할 필요가 없다는 장점이 있다. 그러나 OBS 대비 용량이 크다는 단점도 있다.

OBS(Open Broadcaster Software)

오픈 브로드캐스터 소프트웨어(Open Broadcaster Software, OBS)는 OBS 프로젝트가 관할하는 자유 – 오픈 소스 소프트웨어 스트리밍 · 녹화 프로그램이다. OBS는 컴퓨터 화면을 녹화하거나 트위치 또는, 유튜브의 라이브 스트리밍에도 사용할 수 있다. 우리는 OBS의 화면 녹화 기능을 알아보자.

● **설정하기**

화면 녹화 전에 출력 부분만 일부 설정을 수정하자. [설정] – [출력] – [녹화]로 들어가서 아래와 같이 설정하자.

❶ 녹화 경로는 'C:/Users/사용자 이름/Videos'로 지정된다. 찾아보기를 이용하여 변경할 수 있다.

❷ 녹화 형식은 기본적으로 'MKV'로 설정되어 있다. MKV는 컴퓨터가 급격한 오류에 의해 꺼질 경우 대비하기 위한 형식이다. 문제가 없는 컴퓨터라면 'MP4'로 변경해도 무방하다.

❸ 설정이 끝났다면 화면 녹화를 해보자. [소스 목록]−[+]−[디스플레이 캡처]−[새로 만들기]−[이름 지정]을 클릭하면 녹화 준비는 끝난다. 이후 [녹화 시작]을 클릭하면 화면 녹화가 시작되며, [녹화 중단]을 클릭하면 녹화 중인 영상이 저장된다.

<table>
<tr><td>3</td><td colspan="3">영상 캡처 방식 비교 분석</td></tr>
</table>

두 가지 방식은 서로 장단점이 있다. Xbox Game Bar는 편리함 대신 영상의 용량이 생각보다 크고, OBS는 설치하는 불편함 대신 영상의 용량이 작은 장점이 있다.

	Xbox Game Bar	**OBS**
장점	윈도우 기본 장착이다.	영상의 용량이 매우 적다.
단점	영상의 용량이 OBS 대비 크다.	설치와 설정이 번거롭다.
사용	짧은 영상을 빠르게 캡처할 때	긴 영상을 캡처할 때

파일 용량이 가지고 있는 의미는 무엇일까? 파워포인트는 프레젠테이션을 목적으로 하는 프로그램이다. 삽입하는 영상 파일이 크면 구동 속도가 느려질 수도 있다. 삽입하는 영상 파일이 작을수록 영상을 만드는 데 유리하다. 따라서 짧은 간결한 영상은 Xbox Game Bar를 사용하는 것이 유리하며 긴 영상의 경우 OBS를 설치하여 사용하자.

2-08 아이콘 사냥하기

10여 년 전부터 아이콘 사용은 파워포인트 사용자에게는 필수적인 요소이다. 필수 요소로 자리 잡기가 위해 가장 큰 선구자 적인 역할을 했던 사이트는 더나운프로젝트(thenounproject.com)이다. 2010년 이 사이트에 등장으로 수많은 아이콘 사이트가 등장했으며, 몇 년 전부터 구독형 오피스 소프트웨어인 마이크로소프트 365에도 아이콘이 등장했다. 아이콘 사냥을 위해서 알아야 할 사이트는 크게 두 개로 볼 수 있다. 더나운프로젝트(thenounproject.com)와 플랫아이콘(flaticon.com)이다. 각 사이트의 특징과 함께 반드시 알아야 하는 부분을 함께 알아보자.

사이트	●✕■ Noun Project	flaticon
저작권	출처 표기 이후 사용	출처 표기 이후 사용
무료 형식	PNG / SVG	PNG
장점	SVG 지원	다양한 색과 모양
단점	사이트 한글 미지원	SVG 미지원

1 검색량 비교

두 사이트에서 똑같은 검색어로 검색해 보자. 예를 들어, '자동차 CAR'라는 검색어로 검색했을 때 나오는 검색량은 더나운프로젝트 49,939개, 플랫아이콘 90,089개이다. 플랫아이콘이 두 배 가까이 많은 아이콘을 가지고 있지만, 이 정도의 결과라면 두 사이트 모두 없는 아이콘이 없다고 보면 된다.

아이콘을 사용하기 위해 가장 중요한 것은 아이콘끼리 Look & Feel이 유사한 아이콘을 사용하는 것이다. 이렇게 Look & Feel이 유사한 아이콘끼리 모아 두는 것을 더나운프로젝트에서는 'Collection'이라 하며, 플랫아이콘에서는 'Pack'이라고 한다. 양쪽 사이트 모두 훌륭한 결과물을 가지고 있으며 Collection 또는, Pack 단위로 사용하는 것이 가장 좋은 결과물을 가져올 수 있다.

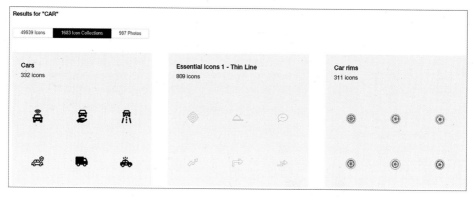

▲ 더나운프로젝트의 Collection

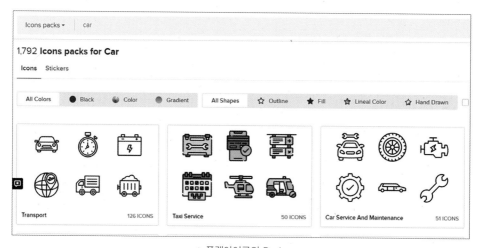

▲ 플랫아이콘의 Pack

모든 그래픽의 시작은 '점'이다. 점은 모여서 '선'을 만들고 선이 모이면 '면'이 된다. 면은 입체를 만들게 된다. 이러한 점을 픽셀(pixel)이라고 한다. 그리고 픽셀의 숫자가 많을수록 해상도가 좋다고 한다. 그래서 점의 개수에 따라서 '1366 * 768 = HD, 1920 * 1080 = FHD, 3840 * 2160 = 4K' 라고 구분하기도 한다.

이러한 그래픽은 크게 두 가지로 나눈다. 래스터(Raster Graphic [jpeg, gif, pgn])와 벡터(Vector Graphic [svg, emf])이다. 래스터 파일은 점으로만 이루어져 있다. 그러나 벡터 파일은 점과 선으로 연결되어 있다. 벡터의 특성 때문에 컬러, 크기 조절할 수 있으며, 확대, 변형, 회전이 매우 쉽다. 간단히 말해 파워포인트에서 도형으로 간단하게 만드는 것처럼 마음대로 사용할 수 있다.

그래픽	래스터(Raster Graphic)	벡터(Vector Graphic)
종류	JPG, PNG, GIF	SVG, EMF, EPS, AI
구성	점	점과 선
확대	과도한 확대 시 깨져 보임	가능
변형	불가능	가능
분리 병합	불가능	가능
색상 조정	불가능	가능

아이콘 사이트인 더나운프로젝트에서 다운로드 시 PNG 또는, SVG 형식으로 다운로드가 가능하다. 래스터와 벡터를 모두 제공하는 것이다. 그러나 파워포인트에서 사용 가능한 래스터 파일은 JPG, PNG, GIF이다. 벡터인 SVG 파일은 마이크로소프트 365 구독자들만 사용할 수 있다. 다른 버전에서 벡터를 사용하고 싶다면 EMF 파일로 변환해야 한다.

래스터(Raster Graphic)	JPG, PNG, GIF	사용 가능
벡터(Vector Graphic)	SVG(Scalable Vector Graphic)	마이크로소프트 365 오피스 2021
	EMF(Enhanced Metafile)	모든 버전 사용 가능

4 SVG의 EMF 변환

변환하는 방법은 간단하다. 구글에서 'SVG to EMF'라고 검색하면 수많은 파일 변환 사이트가 나타나는 것을 볼 수 있다. 아이콘 사이트에서 SVG 파일을 다운로드하고 파일 변환 사이트에서 EMF 파일로 변환해 보자. 필자가 개인적으로 가장 많이 사용하는 사이트는 'anyconv.com/ko'이다.

SVG의 EMF 변환을 위해서 더나운프로젝트에서 'rocket'으로 검색하면 아래와 같은 이미지를 찾을 수 있다. 'thenounproject.com/icon/rocket-780226'에서 [Get This Icon]-[Basic Download]-[Continue]-[Download SVG] 순서로 클릭하여 SVG 파일을 다운로드한다.

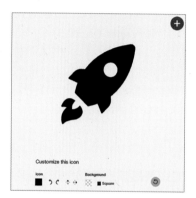 

SVG 파일을 다운로드했다면 사이트(anyconv.com/ko)로 이동하여 업로드할 파일을 선택한다.

❶ 파일을 업로드한다.

❷ [변환]을 클릭한다.

❸ [다운로드 EMF]를 클릭한다.

❹ EMF 파일로 저장되면 그림판 아이콘화된 것을 볼 수 있다.

5	EMF 파일 사용하기

다운로드한 EMF 파일을 사용하기 위해서는 간단한 변환 작업이 필요하다. 그림으로 삽입 후 두 번의 그룹 해제가 필요하다.

❶ 마우스 오른쪽 버튼을 클릭한 후 [그룹화]-[그룹 해제]를 선택한다.

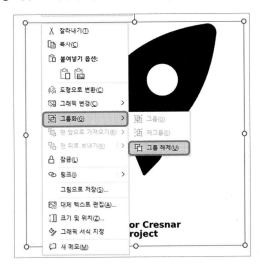

❷ [그리기 개체로 변환]을 요청할 경우 [예]를 클릭한다.

❸ 별다른 반응이 없지만 정상적이다. 다시 마우스 오른쪽 버튼을 클릭한 후 [그룹화]-[그룹 해제]를 선택한다.

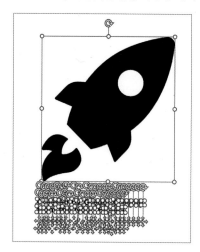

❹ 아래의 출처를 표시하는 텍스트는 삭제한다. 이제 아이콘은 도형처럼 색을 원하는 대로 바꿀 수 있게 된다.

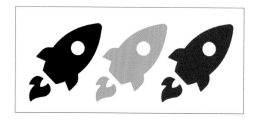

2-09 마이크로소프트 365 전용 사냥터를 이용하자

마이크로소프트 365를 사용하는 기업들이 많이 늘어나고 있다. 특히 외국계 기업의 구독률이 높은 것으로 보인다. 필자도 지난 4년 동안 원드라이브 기반의 인트라넷을 구축해서 사용하고 있다. 마이크로소프트 365 사용은 대학교가 좀 더 빨리 적용한 것으로 보인다. 필자가 강의한 대부분 대학에서 마이크로소프트 365 사용이 가능했었다. 이런 의미에서 마이크로소프트 365 사용자를 위한 전용 사냥터 소개가 필요하다고 생각했다.

1 3D 애니메이션 이용하기

3D 애니메이션은 GIF 파일과 매우 유사하다. 각 항목에는 미리 설정된 애니메이션을 사용할 수 있다. GIF 파일과 다른 점은 이미지를 360도로 보여주고 애니메이션을 설정할 수 있다는 것이다. 반면 다양한 이미지가 부족하여 아직 확장성이 넓지 않다는 것이다. 필요한 이미지가 검색된다면 사용해 보자.

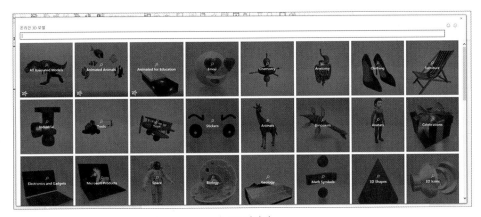

▲ 3D 이미지

2 이미지 이용하기

무료 이미지 사이트와 동일하다. 최근 사용할 수 있는 이미지가 폭발적으로 늘어나 매우 유용하게 사용할 수 있다. 이미지 크기도 상당한 수준으로 올라가 영상을 작업하는 데 전혀 손색이 없다.

▲ 이미지

3 아이콘 이용하기

무료 아이콘 사이트와 동일하다. 최근 사용할 수 있는 아이콘의 수가 매우 많이 늘어났다. 그러나 더나운프로젝트(thenounproject.com)와 같이 디테일한 아이콘을 가지고 있는 것은 아니지만, 앞으로 더 늘어날 것으로 예상된다.

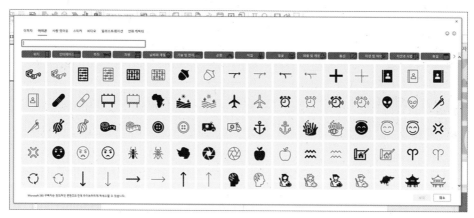

▲ 아이콘

4 사람 컷아웃 이용하기

여러 인종별, 성별, 나이별 다양한 사람의 이미지를 캐릭터화하여 사용할 수 있는 기능이다. 필자는 사람 컷아웃을 이용하여 스토리를 부여하고 영상을 만드는 경우가 종종 있다.

▲ 사람 컷아웃

5 비디오

무료 비디오 클립을 구하는 사이트처럼 비디오 클립을 무료로 제공한다. 생각보다 다양한 무료 클럽이 존재하며 영상의 퀄리티도 상당히 높기 때문에 영상 제작에 매우 유용하다.

▲ 비디오

6 일러스트레이션

아이콘과 매우 유사하나 좀 더 복잡한 형태의 이미지다. 일러스트레이션을 삽입하고 마우스 오른쪽 버튼을 클릭한 후 [그룹 해제]를 선택한다. 이렇게 하면 아이콘 파일처럼 사용할 수 있다는 큰 장점이 있다.

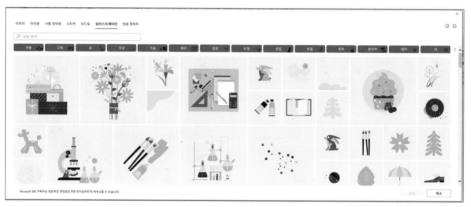

▲ 일러스트레이션

7 만화 캐릭터

만화 캐릭터를 커스터마이징해서 사용할 수 있는 기능이다. 성별, 인종, 상황, 표정까지 원하는 대로 이미지를 조합하여 만들 수 있다. 단점으로 다소 미국적인 느낌의 캐릭터이므로 몰입에 방해가 되는 경우가 종종 있다.

▲ 만화 캐릭터

2-10 위키미디어 커먼즈

위키피디아는 유명한 백과사전으로 '지도, 이미지, 로고, 음악, 여러 가지 미디어 파일'을 모아 놓은 곳이 위키미디어 커먼즈(https://commons.wikimedia.org/)이다. 상업적으로 금지된 콘텐츠는 올라오지 않으며 CC(Creative Commons) 라이선스로 저작권 표시를 하면 대부분 자유롭게 사용할 수 있다. 위키미디어 커먼즈는 여러 장점이 있지만 가장 중요한 사냥감은 자세한 지도가 매우 많다는 것이다.

1 위키미디어 커먼즈 지도 사용법

크롬을 이용하여 위키미디어 커먼즈(https://commons.wikimedia.org/)를 검색하고 메인 페이지를 함께 열어보자.

❶ 오른쪽 상단 검색 창에 'Spain map svg'라고 검색한다.

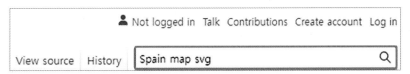

❷ 검색 결과 중에서 'Provinces of Spain – blank map.svg' 파일을 찾은 후 파일 이름을 클릭한다.

❸ [original file]을 클릭한다.

❹ 이미지가 열리면 마우스 오른쪽 버튼을 클릭한 후 [다른 이름으로 저장]을 선택하여 SVG 파일을 다운로드한다.

SVG 사용법은 앞서 아이콘 사용법(EMF 파일 변환)을 참고하여, 도형으로 변환한 후 고급스러운 영상을 만들어 보자.

2-11 윈도우 이모지 사용하기

최근 유튜브 댓글에서 이모지를 자주 찾아볼 수 있다. 이모지는 윈도우 10 1809 버전부터 추가되었으며, 텍스트 작성 중 손쉽게 문서에 삽입할 수 있으며 감정이나 사물, 상황 등을 재미있게 표현할 수 있는 장점이 있다. 블로그, 유튜브 등 인터넷에서 사용할 수 있으며, 메모장이나 파워포인트, 엑셀 등 문서 작성에도 사용할 수 있다. 그러나 한글 프로그램에서는 사용할 수 없다.

이모지를 열기 위해서 가장 빠른 방법은 단축키를 사용하는 것이다. ⊞+. 를 누르면 이모지 창이 나타나며 창의 하단에는 3개의 메뉴가 있다. 순서대로 '이모지, Kaomoji, 기호'이다. 아래 메뉴는 제일 처음에 나오는 것이 최근 사용한 이모지의 목록이며 여섯 가지의 이모지를 사용할 수 있다.

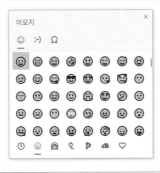

2-12 무료 목업 사이트 이용하기

목업(Mock-up)이란 제품 디자인 평가를 위하여 만들어지는 실물 크기의 정적 모형을 말한다. 파워포인트에서 목업이란 특정 이미지를 실제처럼 이미지로 만드는 기술이다. 최근 시각적인 효과에 있어서 목업 기능의 빈도는 점점 더 많아지고 있다.

파워포인트에서 목업 기능을 사용하기 위해서는 이미지의 각도를 미세하게 조정하는 높은 난이도의 작업이 필요하다. 이미지의 각도를 미세하게 조정하는 시간과 결과물을 보면 그 효율성 측면에서 추천하기 어렵다. 그러나 아래 예제의 경우 두 사이트에서 무료로 목업이 가능하다.

1 목드롭(mockdrop.io)

해당 사이트는 스마트 디바이스 관련 목업 사이트이다. 먼저 목업 작업 하려는 이미지를 선택한다. 예를 들어, 아래와 같은 이미지를 만들었다. 이미지의 폰트는 '상주다정다감체'이며 이미지 출처는 'www.pexels.com/ko-kr/photo/3889704'이며, 아이콘 출처는 'https://thenounproject.com/icon/map-pin-439769'이다.

❶ 이미지가 완성되었다면 사이트(mockdrop.io)로 이동하자.

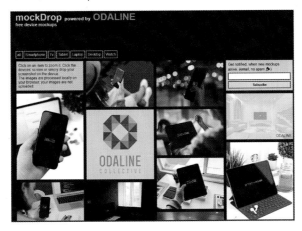

❷ 어울릴만한 목업 이미지(mockdrop.io/#perfect%20Grip)를 선정하고 아래의 그림과 같이 2732X2048 부분을 클릭하면 이미지를 업로드할 수 있다.

❸ 업로드가 적용되었다면 [Download Mockup]을 클릭하면 아래와 같이 목업이 완성된다.

좀 더 강력한 기능이 필요하다면 플레이스잇(placeit.net)과 같은 유료 목업 사이트에서 결제 후 사용할 수도 있다.

2-13 유튜브 다운로드하기

유튜브에는 출처를 밝히고 사용할 수 있는 영상과 이미지가 매우 많다. 유튜브 설명란을 읽어 보면 출처를 밝히고 사용하라는 영상, 배경음악, 효과음 등을 종종 볼 수 있다. 이러한 소스를 다운로드하는 방법을 함께 알아보자. 필자가 수많은 시간 동안 유튜브에서 다운로드하면서 여러 가지 프로그램을 사용해 봤지만, 에드온크롭(addoncrop.com)이 가장 효과적이고 편리하다. 그 이유는 다음 몇 가지와 같다.

- 클릭 한 두 번으로 편리하게 다운로드할 수 있다.
- 영상과 음악을 따로 분리하여 다운로드할 수 있다.
- 크롬의 확장 프로그램으로 윈도우 소프트웨어와 같은 설치가 필요가 없다. 또한 다른 컴퓨터에서 로그인할 경우 크롬 동기화로 자동 설치가 된다.

설치 과정은 다음과 같다.

❶ 애드온크롭(addoncrop.com)으로 이동한 후 [Youtube Video Downloader]를 클릭한다.

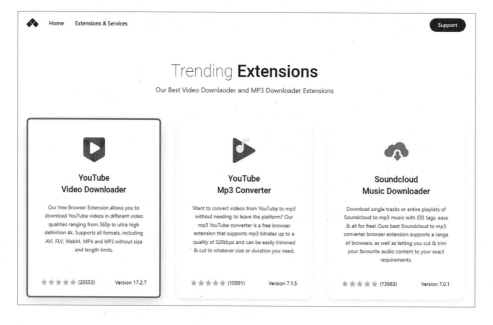

❷ [Add to Chrome]을 클릭한 후 [Let's go]를 클릭한다.

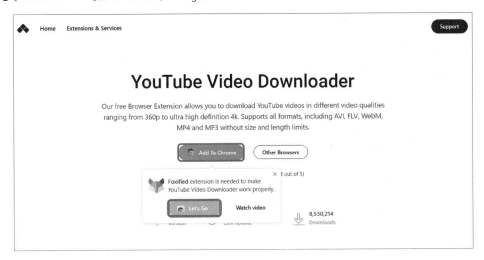

❸ Foxified에서 [Chrome에 추가]를 클릭하고 [확장 프로그램 추가]를 클릭한다.

❹ 마지막으로 [권한 허용]과 [허용]을 클릭한다.

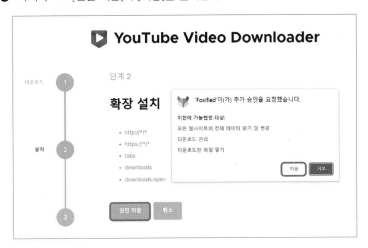

❺ 이제 유튜브로 이동한 후 영상 아래를 보면 그림과 같은 아이콘이 생긴 것을 확인할 수 있다. ①번을 클릭하면 영상을 다운로드할 수 있으며, ②번을 클릭하면 음악이 다운로드 되는 것을 확인할 수 있다.

불법 다운로드는 지양하자! 유튜브에 올라온 수많은 영상과 음악은 저작권이 걸려있는 경우가 매우 많다. 따라서 필자의 경우 출처를 밝히고 사용이 가능한 음악이나 효과음을 위주로 다운로드하고 있다. 절대로 불법적 다운로드는 하지 말자!

영상을 만들기 위한 파워포인트 기본기를 학습하는 단계이다. 작업 전 설정부터,
단축키, 색 조합, 영상 및 이미지 편집에서 애니메이션까지 기본 기술과 고급 기술
을 다루고 있다. 이러한 기술을 바탕으로 영상 제작 실전을 학습한다면 더욱더 빠
른 제작이 가능하다.

영상 제작을 위한
파워포인트 기본기

3-01 파워포인트 영상 제작의 달인이 되는 법

3-02 작업 전 세팅이 먼저다

3-03 빠른 작업을 위한 단축키

3-04 색을 조합하자

3-05 이미지, 영상 자르기 기능

3-06 이미지 흐리게, 밝기 대비 기능

3-07 이미지 배경 제거

3-08 레이어 마스크

3-09 도형 병합하기

3-10 움짤 GIF 만들기

3-11 표 만들기

3-12 차트 만들기

3-13 텍스트 강조하기

3-14 목적에 맞는 영상 크기 설정하기

3-15 전환 효과

3-16 음악 설정하기

3-17 영상 트리밍

3-18 애니메이션

3-01 파워포인트 영상 제작의 달인이 되는 법

접근성이 뛰어난 파워포인트를 이용하여 영상을 제작할 때, 잊지 말고 적용해야 할 기준이 있다. 파워포인트를 이용한 영상 제작 달인이 되는 세 가지 기준에 대해서 알아보자.

1 첫 번째 이야기, 바로 모방이다

처음 영상을 만들려고 하면 어떻게 시작해야 할지 굉장히 막막할 것이다. 이런 경우 만들고자 하는 영상과 유사한 영상을 찾아 무작정 따라해보는 것을 추천한다. 유튜브를 검색하면 우리가 원하는 영상을 대부분 찾을 수 있다. 그 영상을 모방하고, 참고하여 만들다 보면 실력과 자신감이 생겨나며 나만의 영상 스타일과 방향성을 찾을 수 있게 된다.

2 두 번째 이야기, 파워포인트 기능 및 버전

아무리 훌륭한 영상 제작자라고 해도 도구를 적절히 사용할 수 없다면 원하는 영상을 만들 수 없다. 영상 제작 전문 프로그램의 기능을 구현할 수 있는, 파워포인트의 기능을 찾고 적용하는 시간 속에서 효율성이 증가한다. 파워포인트 모든 기능을 모두 내 것으로 만들어야 한다. 또한, 파워포인트 버전이 높을수록 영상 제작에 사용되는 시간과 노력이 줄어든다. 최신의 버전을 확보해 보자.

3 세 번째 이야기, 반복하고 반복하기

모든 일이 그러하지만, 영상 제작도 많이 만들어 본 사람이 잘 만든다. 본인이 원하는 영상을 모방하여 반복적으로 연습하고 시도한다면, 결과물은 뛰어날 수밖에 없다.

3-02 작업 전 세팅이 먼저다

영상을 만들기 전 반드시 해야 할 두 가지 세팅인, 빠른 실행 도구 모음과 실행 취소 최대 횟수에 대해 알아보자.

1 빠른 실행 도구 모음을 이용하자

빠른 실행 도구 모음이란 자주 사용하는 기능을 리본 메뉴 상단 또는, 하단에 배치해서 사용하는 것이다. 이 설정은 마우스로 기능을 찾아다니느라고 시간을 버리지 않아도 된다. 작업 시간을 절약해서 빠르게 만들 수 있는 기능이다.

❶ 빠른 실행 도구 모음은 상단 좌측에 있다.

:: TIP ::

빠른 실행 옵션은 가져오거나 내보낼 수 있다. 파워포인트의 [옵션]-[빠른 실행 도구 모음]-[가져오기 / 내보내기]를 선택하여 자신만의 빠른 실행 도구 모음 설정을 공유할 수 있다. 내보내기를 하면 '이름.exportedUI'로 파일을 내보내게 된다. 누군가의 빠른 실행 도구 모음과 동일하게 하고 싶다면 [옵션]-[빠른 실행 도구 모음]-[가져오기/내보내기]로 '이름.exportedUI' 파일을 가져올 수도 있다.

❷ 빠른 실행 도구 모음은 아래에서 보는 것이 편하다. 리본 메뉴 아래에 표시하자.

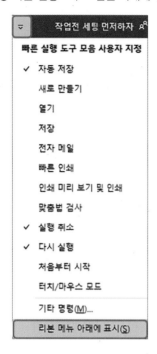

❸ 어떤 기능이든 마우스 오른쪽 버튼을 클릭하여 빠른 실행 도구 모음에 추가할 수 있다.

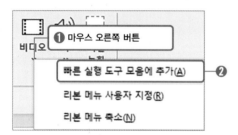

❹ 영상 제작에서 가장 많이 사용하는 빠른 실행 도구 모음은 '비디오 삽입, 그림 삽입, 비디오 트리밍, 오디오 트리밍, 16:9 자르기, 개체 회전, 오디오 삽입, 도형 병합' 등이다.

❺ Alt 를 누르면 빠른 실행 도구 모음에 숫자가 나타나는 것을 볼 수 있다. 예를 들어, 아래와 같은 경우에 Alt + 3 을 누르면 영상 삽입 창이 나타난다.

2 실행 취소를 최대 횟수로 설정하자

작업 중 많이 사용하는 기능 중 하나는 '실행 취소'(Ctrl+Z)일 것이다. 그런데 작업하던 상황을 최대한 뒤로 돌아갈 수 있도록 하는 기능을 알고 있다면 거의 처음 상태로 돌아갈 수 있다. [파일]-[옵션]을 클릭하면 나타나는 [PowerPoint 옵션] 대화상자의 [고급]에서 확인할 수 있다. [실행 취소 최대 횟수]를 '150'으로 설정하면 된다.

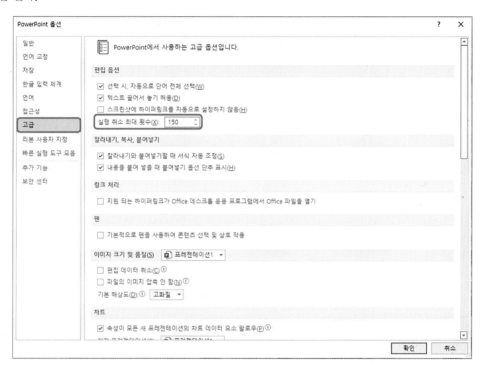

3-03 빠른 작업을 위한 단축키

모든 작업에서도 중요하지만 MS 오피스의 모든 프로그램(PowerPoint, Word, Excel, OneNote…)에서 단축키는 매우 중요하다. 작업 속도를 획기적으로 높여줄 수 있는 단축키를 함께 사용해 보자.

1 서식 복사

서식 복사는 말 그대로 텍스트, 도형, 이미지, 슬라이드 등에 입력된 서식, 즉 폰트나 폰트 크기 색 테두리 등의 서식을 그대로 복사하는 기능이다. Ctrl + C 와 Ctrl + V 는 일반적으로 알고 있는 복사하기, 붙여넣기 단축키이다. 서식 복사는 Ctrl + Shift + C 이다. 서식 복사를 한 후 Ctrl + Shift + V 를 누르면 모든 서식이 복사되어 동일한 속성을 갖는 것을 볼 수 있다. 이 서식 복사에 익숙해지면 10배, 그 이상으로 빠른 작업 속도를 낸다.

2 수평 수직 복사

개체를 복사하고 이동할 때 잊지 말아야 할 중요한 원칙은 개체 간 간격을 유지하는 것이다. 일반적으로 Ctrl + C 로 복사한 후 Ctrl + V 로 붙여 넣으면, 간격이 유지되지 않고 붙여지게 된다. 그러나 Ctrl + Shift 를 누른 상태로 마우스를 드래그하면 수평 수직으로 이동하여 복사되는 것을 확인할 수 있다.

3 애니메이션 복사

애니메이션을 복사하는 기능이다. 원하는 개체에 애니메이션을 적용하고 Ctrl + Shift + C 를 누르면 적용한 애니메이션이 복사되며, Ctrl + Shift + V 로 또 다른 개체에 붙여넣으면, 동일한 애니메이션이 적용된다. 영상 작업에서 많이 사용하므로 반드시 기억하자.

3-04 색을 조합하자

영상을 만들기 위해서 가장 고민스러운 부분 중 한 가지는 어떤 색을 써야 할지 결정하는 것이다. 만약 회사 관련 영상을 만든다면, 코퍼레이트 컬러(corporate color) 또는, 유사한 색을 사용하기 때문에 색이 이미 정해진 경우도 있다. 예를 들면, 코카콜라는 빨간색, 스타벅스는 진하고 탁한 초록색, 애플은 은색이 떠오른다. 이렇게 정해진 경우 그대로 그 색을 사용하면 된다.

그러나 정해지지 않는 경우도 있다면 색을 지나치게 오래 고민할 필요는 없다. 색에 관련된 사이트에서 정보를 얻을 수 있기 때문이다. 이곳에서 알아볼 사이트에서 제공하는 정보를 얻을 수 있다. 색을 알아내기 위한 몇 가지 지식이 필요하니, 그 방법을 익혀보자.

1 스포이트 기능으로 색상값 알아내기

파워포인트 2013 버전부터는 스포이트 기능을 이용하면 모든 색을 추출하고 색상값을 알 수 있다. 예를 들어, 필자가 출강하는 오스템 임플란트 로고 색상의 색상값을 알고 싶다면 다음과 같은 방법으로 추출할 수 있다.

스포이트를 사용하는 경로는 [삽입] 탭 – [일러스트레이션] 그룹 – [도형] – [직사각형] 클릭하며 삽입, 삽입한 도형을 마우스 오른쪽 버튼으로 클릭한 후 [도형 서식] 선택, [도형 서식] 옵션 창의 [채우기] – [단색 채우기], [색] – [스포이트]를 클릭한다.

마우스 포인터가 스포이트 모양으로 변경된 것을 확인하고, 가져오려는 색상의 로고를 클릭하면, 삽입된 사각형에 컬러가 적용된다. 2010, 2007, 2003 버전은 스포이트 기능이 없다. 2013 버전부터 도형에 동일한 색을 적용할 수 있으며 마이크로소프트 365 구독자는 아래 그림처럼 RGB 값을 바로 확인할 수 있다.

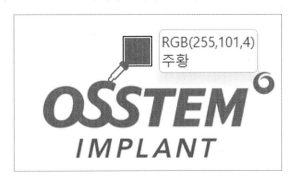

RGB 값이 바로 확인되지 않는 경우에는 삽입된 도형에 스포이트로 동일한 색을 적용하고, 마우스 오른쪽 버튼을 클릭한 후 [도형 서식] 선택, [도형 서식] 옵션 창의 [채우기] – [단색 채우기], [색] – [다른 색] – [사용자 지정] 탭을 클릭하면 RGB 값을 확인할 수 있으며, 마이크로소프트 365 구독자는 아래 이미지처럼 RGB와 함께 육각 즉, 헥스 코드를 확인할 수 있다.

2 헥스 코드 이해하기

오래된 컴퓨터의 본체 뒤를 보면 모니터를 연결하는 파란색 RGB 케이블이 있었다. 이제는 대부분 사라지고, 최신 컴퓨터는 영상과 음성을 동시에 전달하는 HDMI 케이블이므로 매우 편리하고 깔끔하다. 시대가 변하고 기술이 진보하고 있다는 것이다.

마찬가지로 색을 표현하는 방법도 진화하고 있다. 기존의 RGB(RED, GREEN, BLUE) 방식에서 헥스 (Hex) 방식으로 말이다. 헥스(Hex)란 헥사곤(Hexagon)의 줄임말이며 해시태그와 함께 여섯 자리로 구성된다. 앞에 두 자리는 'RED' 가운데 두 자리는 'GREEN', 마지막 두 자리는 'BLUE' 값으로 이루어져 있다. 예를 들어, '#ff4e25'라는 헥스 코드를 사용한다면 구성은 아래의 그림과 같다.

헥스 코드를 알아야 하는 이유는, 색상과 관련된 많은 사이트에서 더 이상 RGB 값을 제공하지 않고 헥스 코드만 제공하기 때문이다. 그렇다면 RGB 값만 확인되는 경우에는 어떻게 헥스 코드로 변환할 수 있을까?

방법은 간단하다. 구글에서 'rgb to hex'로 검색하면 아래와 같은 변환표를 찾을 수 있는데, HEX, RGB, CMYK, HSV, HSL 중 한 가지 코드를 입력하면, 나머지 값은 그에 맞게 변경되는 것을 확인할 수 있다.

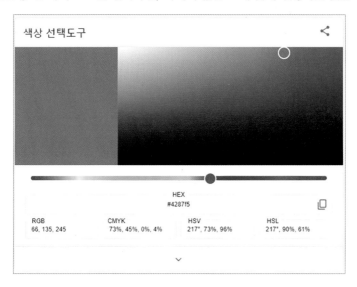

3 색 조합 사이트 이용하기

색을 추출하는 방법과 색을 구성하는 RGB 값, 그리고 헥스 코드를 이해했다면 이제는 색 조합을 해보자. 색 조합 두 가지 사이트를 소개한다.

● 컬러헌트(colorhunt.co)

첫 번째로 소개할 사이트는 컬러헌트(colorhunt.co)이다. 여러 가지 어울리는 색을 조합해서 사용할 수 있도록 구성되어 있으며 원하는 색상을 클릭하면 다운로드되며, 스포이트를 이용하여 적용할 수도 있고 RGB 값, 그리고 헥스 코드를 이용하여 색상을 바꿀 수도 있다.

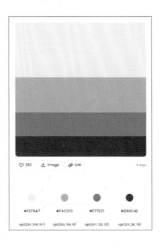

● 그라디언트헌트(gradienthunt.com)

두 번째 소개할 사이트는 그라디언트헌트(gradienthunt.com)이다. 이 사이트는 그라데이션에 관련된 정보를 제공한다.

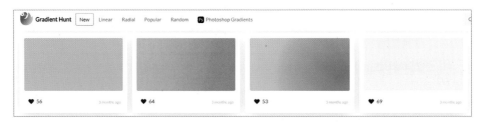

원하는 색을 클릭하여 PNG 파일을 다운로드한 후 스포이트로 적용할 수 있고, 그 자체로 배경으로 사용하거나 도형과 폰트에 채워 넣을 수도 있다.

3-05 이미지, 영상 자르기 기능

우리가 촬영하거나 사냥하는 대부분의 이미지는, 프레임이나 용도에 맞춰 잘라 사용하는 경우가 대부분이다. 이미지와 영상의 자르기 기능을 알아보자. 먼저, 사용할 이미지를 선정한다.

▲ 출처 : https://unsplash.com/photos/5PVXkqt2s9k

무료 이미지 사이트(pixabay, unsplash)에서 원하는 이미지를 선정하여 다운로드한다.

1

일반적인 자르기

❶ 선택한 이미지의 일부를 사용하고 싶을 때 사용하는 기능이다. 이미지를 문서에 삽입하고 선택하면 [그림 서식] 탭이 활성화되면서 자르기 메뉴가 나타난다. [자르기]를 클릭하면 이미지 주변으로 검은색 표식이 생겨나고, 이때 마우스를 표식 근처로 가져가면, 커서 모양이 진한 검은색 모양으로 바뀐다. 그때 마우스를 누른 상태로 원하는 만큼 잘라낼 수 있다. 잘려진 부분은 진한 회색으로 변하게 되고, 편집이 완료되어 다른 곳을 클릭하면 원하는 만큼 잘려진 이미지를 확인할 수 있다.

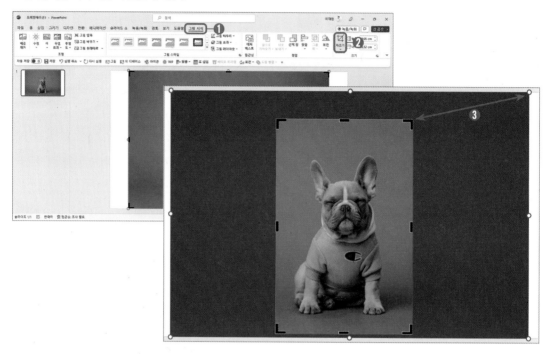

❷ 원하는 만큼 잘린 이미지를 비율에 맞게 확대하거나, 축소하여 원하는 위치에 배치한다. 이미지를 확대/축소할 때는, 이미지가 왜곡되지 않도록 이미지의 모서리를 클릭하여 작업한다.

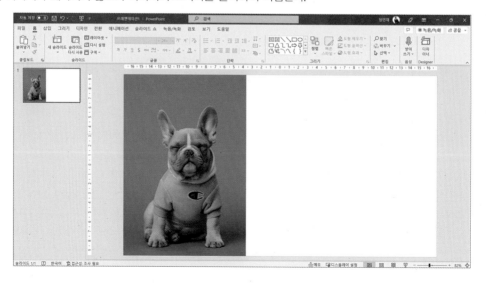

❸ 영상 역시 같은 방식으로 자르기를 할 수 있다.

▲ 출처 : https://www.pexels.com/ko-kr/video/7049271/

❹ [삽입] 탭-[미디어] 그룹-[비디오]-[이 디바이스]를 클릭하여 다운로드한 영상을 삽입한 후, [비디오 형식] 탭-
[크기] 그룹-[자르기]를 클릭하여 원하는 만큼 영상의 크기를 조정합니다.

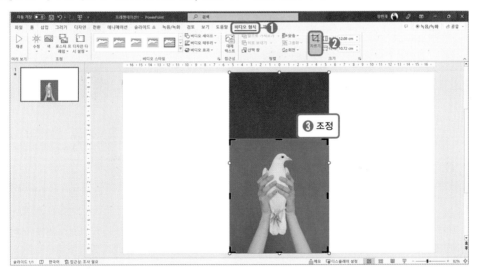

이렇게 자른 영상의 모서리를 드래그하여 원하는 크기로 맞춰 사용한다.

2 　**도형에 맞춰 자르기**

❶ [삽입] 탭-[이미지] 그룹-[그림]을 클릭하여 원하는 이미지를 삽입한다. 삽입한 이미지를 선택한 후 [그림 서식] 탭-[크기] 그룹-[자르기]-[도형에 맞춰 자르기]를 클릭하고, 원하는 도형을 선택한다.

❷ 평행사변형을 선택하여 잘린 모습이다. 도형 모양으로 자르기를 하면, 각 모서리 부분 하얀색 점 외에 노란색 점 이 나타나는데, 이 점을 움직여 도형의 형태를 바꿀 수 있다.

❸ 영상도 마찬가지로 도형 모양으로 자를 수가 있다. 삽입한 영상을 선택한 후 [비디오 형식] 탭-[비디오 스타일] 그룹-[비디오 셰이프]-[이등변 삼각형]을 클릭하면 다음과 같은 결과가 나온다.

가로 세로 비율 자르기

❶ 이미지로 16:9의 슬라이드를 가득 채우려고 할 때, 이미지의 비율을 맞춘다면 작업이 훨씬 수월하다. [그림 서식] 탭-[크기] 그룹-[자르기]-[가로 세로 비율]-[16:9]를 클릭한다.

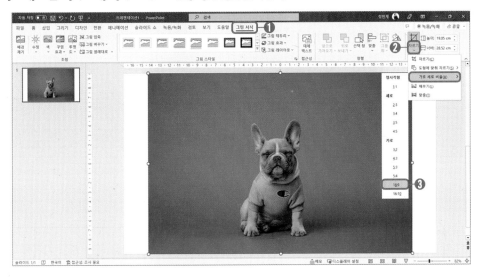

❷ 16:9 비율로 잘려진 이미지를 확인할 수 있다.

이미지를 이용하여 PPT를 만들 때 만들려는 슬라이드의 크기와 이미지의 크기가 잘 맞으면 좋겠지만, 정확하게 맞는 이미지를 찾기가 쉽지 않다.

▲ 출처 : https://unsplash.com/photos/TLD6iCOlyb0

❶ 위의 이미지를 원하는 만큼 잘라서 가로 템플릿으로 만들어 보자. 이미지를 삽입하고 원하는 위치에 배치한 후, 필요한 부분만 남기고 잘라낸다.

❷ [배경 서식] 옵션 창의 [단색 채우기]–[색]–[스포이트]를 클릭하고, 이미지의 좌측 부분을 클릭하여 연한 노란색으로 채운다.

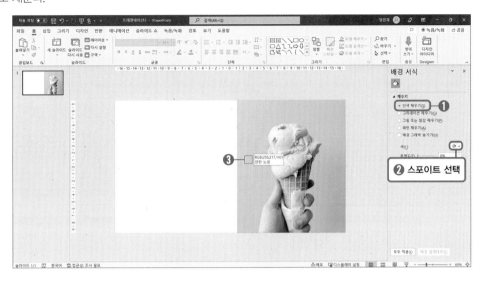

❸ 비슷한 색으로 채워진 것을 확인할 수 있지만, 자연스럽지 않게 경계가 되는 부분이 드러난다. 경계를 최대한 자연스럽게 하는 방법을 알아보자.

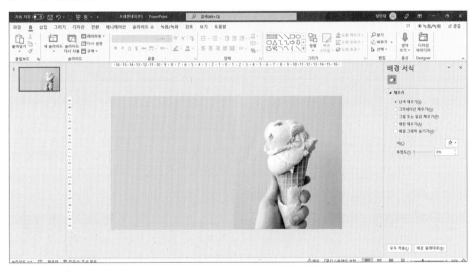

❹ 이미지와 배경의 경계선에 맞춰서 도형을 삽입하고, [도형 서식] 옵션 창에서 [선 없음]을 체크하여 도형의 테두리 선을 지운다. [채우기]–[그라데이션 채우기]–[선형 오른쪽]으로 설정한다.

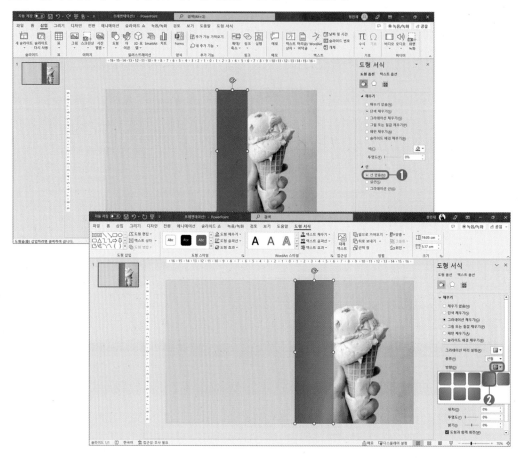

❺ 그라데이션 중지점은 양 끝 쪽에 두 개만 남기고 삭제하고, 각각의 중지점에 배경을 채워 넣었던 색을 넣고, 투명 도 설정으로 넘어간다. 각각의 중지점에 배경과 같은 색을 지정하고, 좌측 중지점에는 [투명도]를 '0'으로 설정하 고, 우측 중지점에는 [투명도]를 '100'으로 설정한 모습이다.

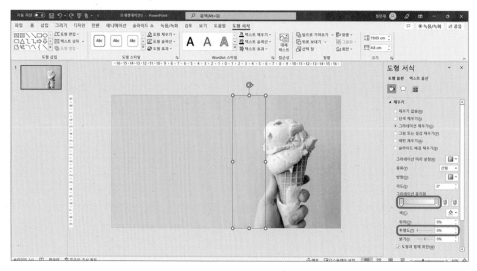

❻ 처음 작업한 결과물과 비교했을 때, 경계가 흐려져서 훨씬 자연스러워진 것을 확인할 수 있다. 배경색과 투명색으로 이렇게 그라디언트를 만들어 자연스럽게 배경과 사진을 합성하는 방법은 바탕 경계를 없애는 방법의 하나이다.

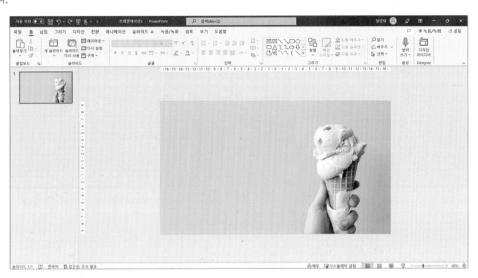

3-06 이미지 흐리게, 밝기 대비 기능

영상에서 메시지를 돋보이게 하기 위하여 여러 기법을 많이 사용하는데, 그중 가장 많이 사용하는 방법이 배경이 되는 이미지를 흐리게 하거나 밝게 하는 것이다. 파워포인트에서 간단한 조작으로 '흐리게'와 '밝기'를 조정하여 효과를 줄 수 있다.

1 스페인 원본 이미지

▲ 출처 : https://www.pexels.com/ko-kr/photo/11690252/

먼저 원하는 이미지를 찾아서 파워포인트에 삽입하고 메시지가 될 텍스트도 그림과 같이 입력한다.

- **사용한 영문 폰트** : Fave Script Bold Pro / 크기 : 115pt / 사용한 한글 폰트 : 나눔스퀘어 Light / 크기 : 40pt

2 **원본 16:9 비율로 자르기**

❶ 바탕 이미지로 사용할 이미지가 슬라이드 크기와 다르니, 현재 작업하는 슬라이드의 비율인 16:9로 자르기 위해
[그림 서식] 탭-[크기] 그룹-[자르기]-[가로 세로 비율]-[16:9]를 클릭한다.

❷ 이렇게 잘라진 이미지의 모서리를 대각선 방향으로 드래그하여 슬라이드를 채운다.

3 **흐리게 적용**

[그림 서식] 탭-[조정] 그룹-[꾸밈 효과]-[흐리게]를 클릭하면 이미지를 흐릿하게 만들 수 있다.

4 밝기 대비 적용

이렇게 흐릿하게 만든 이미지에 밝기와 대비 수정 작업을 진행해 보자. [그림 서식] 탭-[조정] 그룹-[수정]-[밝기/대비]-[밝기 : -40% 대비 : 0%]를 적용했다.

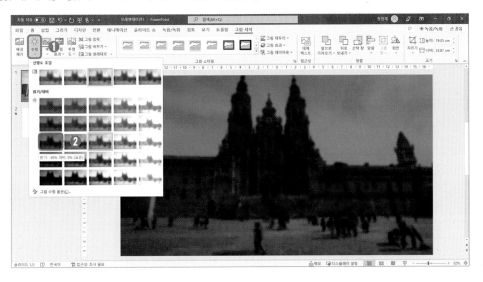

5 텍스트 삽입

이렇게 완성된 이미지에 작성해 둔 메시지를 삽입한다.

3-07 이미지 배경 제거

영상 작업을 할 때 이미지의 메인 피사체만 남기고, 나머지 배경을 제거해야 하는 경우가 매우 많다. 이곳에서 파워포인트를 이용하여 이미지 배경 제거를 위한 두 가지 방법을 함께 알아보자.

1 파워포인트에서 배경 제거하기

파워포인트는 기본적으로 배경을 제거할 수 있는 기능을 가지고 있다. 이미지를 선택하고 [그림 서식] 탭 - [조정] 그룹 - [배경 제거]를 클릭하면 배경을 제거할 수 있다. 파워포인트가 제공하는 배경 제거 기능을 이용하며, 사용자가 [보관할 영역을 표시]/[제거할 영역 표시]로 영역을 추가 또는, 삭제할 수도 있다.

파워포인트 배경 제거 기능에는 확실한 장단점이 있다. 원본 해상도 유지가 장점이지만 배경이 제거된 단면이 깔끔하지 못하며, 바탕 화면과 피사체의 구분이 확실하지 않을 때는 배경 제거 기능을 제대로 써먹을 수 없다.

따라서 본 기능을 사용하는 방법은 두 가지로 나눌 수 있다. 첫 번째, 배경과 피사체가 확실하게 구분되는 이미지만 사용한다. 두 번째, 배경에 효과를 주고 그 위에 피사체를 올리는 방식을 사용한다. 다음 예시를 함께 보자.

● 해바라기 예시 원본

▲ 출처 : https://pixabay.com/images/id-7135053/

배경 제거

❶ 작업할 이미지를 파워포인트에 삽입한 후 [그림 서식] 탭-[조정] 그룹-[배경 제거]를 클릭하면 제거가 될 배경이 보라색으로 변하는 것을 확인할 수 있다. 이때 [보관할 영역 표시]/[제거할 영역 표시]를 클릭하면 마우스가 펜 모양으로 변하게 되어, 원하는 부분을 클릭이나 드래그할 수 있다.

❷ 작업이 끝나고 [변경 내용 유지]를 클릭하면 보라색 부분이 사라지고 투명한 배경과 메인 피사체인 해바라기만 남는다.

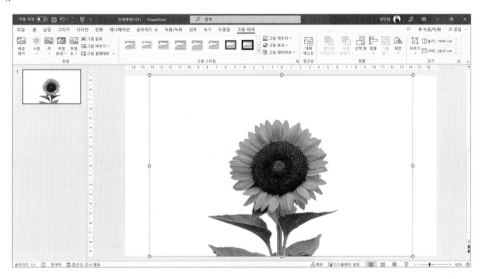

색 변경

❶ 원본 이미지를 두 번째 슬라이드에 삽입하고 [그림 서식] 탭-[조정] 그룹-[색]-[색 채도]에서 첫 번째를 클릭한
다.

❷ 이렇게 색 채도를 변경한 원본 이미지에 배경을 제거한 해바라기를 붙여 넣으면, 메인 피사체에 시선을 좀 더 집
중시키고 싶을 때 사용한다.

● VR 게임 예시 원본

▲ 출처 : https://www.pexels.com/ko-kr/photo/7047531/

배경 제거

❶ 작업할 이미지를 파워포인트에 삽입하고, [그림 서식] 탭-[조정] 그룹-[배경 제거]를 클릭하면 제거가 될 배경이 보라색으로 변하는 것을 확인할 수 있고, [보관할 영역 표시]/[제거할 영역 표시]를 클릭하면 마우스 포인터가 펜 모양으로 변하게 되어, 원하는 부분을 클릭이나 드래그할 수 있다.

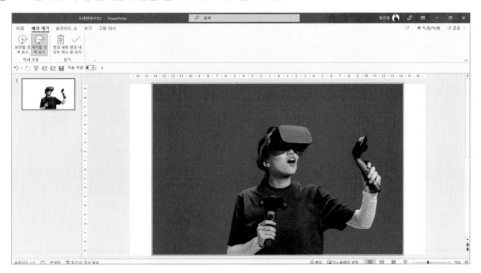

❷ 그렇게 작업이 끝나고 난 뒤, [변경 내용 유지]를 클릭하면 보라색 부분이 사라지고 투명한 배경과 메인 피사체만
남겨진다.

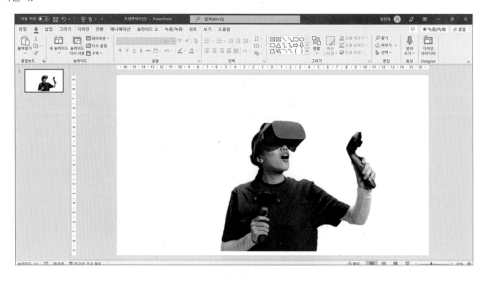

배경 제거 및 꾸밈 효과 합성

❶ 원본 이미지를 두 번째 슬라이드에 삽입하고, [그림 서식] 탭-[조정] 그룹-[꾸밈 효과]-[네온 가장자리]를 클릭
하여 그림과 같이 설정한다.

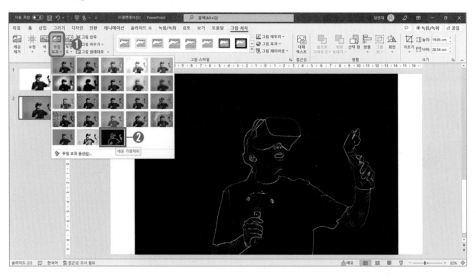

❷ 이렇게 네온 가장자리로 설정된 배경에 배경을 제거한 이미지를 붙여 넣어 합성하면 네온 가장자리는 남고, 메인 피사체의 형태가 선명하게 표현되는 것을 확인할 수 있다.

2 배경 제거 사이트(리무브) 이용하기

최근 인공지능을 이용한 배경 제거 서비스를 제공하는 웹사이트가 늘어나고 있다. 가장 대표적인 배경 제거 서비스를 제공하는 웹 사이트는 리무브(remove.bg)이다. 배경을 제거하려는 파일이 자신의 컴퓨터에 있는 경우에 파일을 업로드하면 된다. 웹에 있는 이미지라면 [Ctrl]+[C], [Ctrl]+[V]를 이용하여 빠르게 배경을 제거할 수 있다.

물론 해당 사이트도 장단점이 존재한다. 장점으로 탁월한 배경 제거 능력이다. 파워포인트와는 달리 거의 대부분의 이미지에서 배경을 제거할 수 있다. 그러나 무료 기능을 사용할 경우 해상도가 떨어진다는 단점을 가지고 있다. 원본 서식 그대로 배경을 제거하려면 유료 결제를 해야 한다.

● 배경 제거 사이트 사례 1(커피를 들고 있는 여성 사례)

▲ 출처 : https://unsplash.com/photos/S_tNsFw9pQE

❶ 원하는 이미지를 웹에서 다운로드 받은 후 리무브(remove.bg)로 이동한다.

❷ 파란색의 [이미지 업로드] 버튼이 보이고, 클릭하여 아래와 같이 내 컴퓨터 파일을 업로드할 수 있다.

❸ 이미지 사이트에서 다운로드 받은 이미지 파일을 선택하여 업로드하면, 아래의 그림과 같이 배경이 제거된 이미지를 확인할 수 있다. 화면 우측의 [다운로드]를 클릭하면 내 컴퓨터로 배경이 제거된 이미지가 다운로드된다.

다운로드 원본 파일과 확대 파일 비교

배경 제거 기능이 상당히 탁월하지만, 원본 이미지만큼 확대하면 해상도가 떨어지는 것을 확인할 수 있다.

배경 제거 사이트를 활용하는 방법은 두 가지로 나눌 수 있다. 첫 번째, 해상도가 중요하지 않은 이미지를 배경 제거하는 것이다. 두 번째, 이미지를 작게 사용하는 레이아웃으로 변경하는 것이다. 해상도가 크게 문제 되지 않도록 말이다. 다음 사례를 보면 이해가 빠를 것이다.

● 배경 제거 사이트 사례 2(노래하는 딱새)

▲ 출처 : https://pixabay.com/images/id-7152438/

❶ 이미지를 웹에서 다운로드 받은 후 리무브(remove.bg)로 이동하여, 앞선 방법대로 배경을 제거한다. 배경이 제거된 이미지를 다시 다운로드 받은 후 아래와 같이 그림 크기를 해상도에 맞게 원본보다 축소하여 사용할 수 있다.

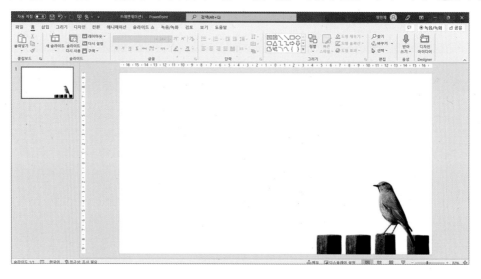

❷ 아래와 같이 새가 올라가 있는 나무 기둥 부분을 잘라서 이어 붙여 다음과 같이 연출할 수도 있다.

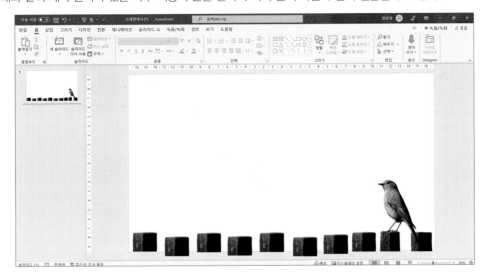

❸ 어울리는 글꼴과 아이콘을 사냥하여 다음과 같이 슬라이드를 만들어 활용할 수도 있다.
   (글꼴 : HS새마을체, 아이콘 출처 : https://thenounproject.com/icon/music-685196/)

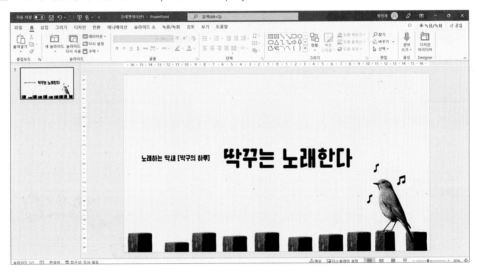

❹ 글꼴의 배치를 변형하여 다음과 같이 만들어 보자. 변형할 텍스트 상자를 선택하고 [도형 서식] 탭-[WordArt] 그룹-[텍스트 효과]-[변환]-[모양]-[원호]를 클릭한다.

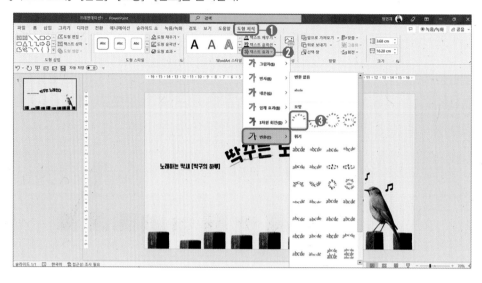

❺ 텍스트 상자의 좌측 노란점과, 위쪽 회전축 그리고, 텍스트 상자 크기를 넓히고 줄이면서 원하는 모양을 완성한다.

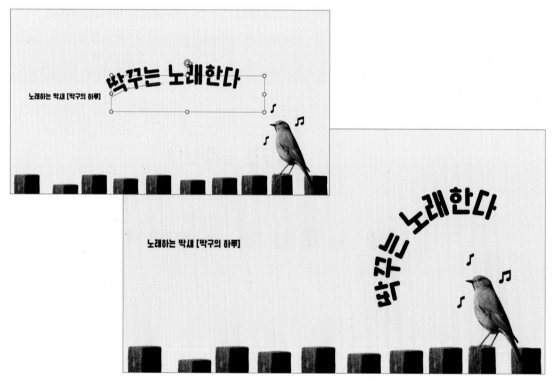

최근에 깜짝 놀랄만한 새로운 서비스가 나왔는데 바로 어도비 익스프레스이다. 이 서비스는 파워포인트와 리무브(remove.bg)의 장점만 합쳐 놓았다. 이미지를 업로드하면 거의 완벽에 가깝도록 배경을 제거해 주며, 해상도도 원본과 똑같이 만들 수 있다. 앞서 소개한 서비스와 더불어 사용해 보자.

● **사용 방법**

네이버에서 한글로 '어도비 익스프레스'를 검색하거나, 'express.adobe.com/ko-KR/sp/'로 이동한 후 로그인한다. [홈] - [빠르게 작업하기] - [배경 제거]에서 이미지를 업로드하면 된다.

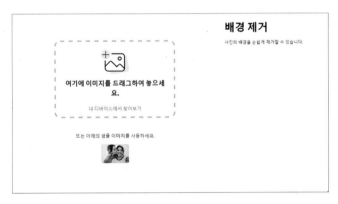

배경 제거 기능의 장단점 정리

	파워포인트 배경 제거	배경 제거 사이트
장점	• 큰 이미지도 가능하다. 원본 해상도 유지가 가능하다.	• 배경 제거 기능이 탁월하다. • 간단하게 배경을 제거할 수 있다.
단점	• 제거된 단면이 깔끔하지 못하다. • 배경과 피사체의 경계가 확실하지 않을 경우 배경 제거 기능이 잘 동작하지 않는다.	• 무료로 사용할 경우 해상도가 떨어진다. • 원본 해상도를 유지하려면 유료이다.
사용법	• 배경과 분리가 가능한 사진만 사용하자.	• 해상도가 중요하지 않다면 무료 사용, 해상도가 중요하다면 유료 사용을 하자.
팁	• 원본과 합성하여 사용하면 제거된 부분이 덜 보인다.	• 이미지를 작게 사용하는 레이아웃을 만들어 사용하자.

:: **TIP** :: 세그먼트 애니싱(www.segment-anything.com)

세그먼트 애니싱이라는 사이트는 페이스북과 인스타그램으로 유명한 메타에서 내놓은 인공지능 이미지 서비스다. 앞서 소개한 서비스가 배경을 제거하는 서비스였다면 세그먼트 애니싱은 이미지에 있는 개체별로 분리해서 분해시키고 또 원하는 개체만 골라서 추출해서 이미지로 들어 준다.

예를 들어, 고양이가 약 9마리 정도가 있다면 모든 고양이를 추출해서 9마리의 다른 고양이 이미지를 사용할 수 있다고 한다. 또는 '고양이'라는 단어를 입력하면 인공지능이 인식해서 고양이만 추출할 수도 있다고 한다. 추후에는 개체를 분리시켜 3D 이미지로 만들 수도 있다고 한다. 필자가 사용해 본 결과 아직까지 완벽하진 않지만 앞으로 주목해야 할 기술이라고 생각한다.

3-08 | 레이어 마스크

레이어 마스크(Layer Mask)는 이미지 조작의 간단한 방법이다. 도형의 투명도 또는, 불투명도를 선택적으로 사용하여 이미지를 목적에 맞게 조정하는 것이다. 파워포인트로 만드는 영상에서는 이미지를 어둡거나 밝게 조정하여 메시지를 돋보이도록 하는 역할을 한다.

1 밝아지는 레이어 마스크

이미지 앞에 밝은 그라데이션 도형을 삽입하여 메시지를 보여주는 방식이다. 다음 예제를 함께 따라해 보자.

▲ 출처 : https://www.pexels.com/ko-kr/photo/apple-macbook-wearings-coop-neck-floral-top-144230/

❶ 이미지 사이트에서 원하는 이미지를 다운받아 내 컴퓨터에 저장하고, 이미지와 어울리는 폰트를 설치한다(샌드박스 어그로체). 슬라이드에 먼저 이미지와 직사각형 도형을 삽입하고 이미지 크기로 맞춘다.

❷ [도형 서식] 옵션 창을 불러온 후 [도형 옵션]-[선]-[선 없음]으로 설정하고, [도형 옵션]-[채우기]-[그라데이션 채우기]에서 [종류] : '선형', [방향] : '선형 위쪽', [각도] : '90'으로 설정한다.

❸ 그라데이션 중지점은 두 지점만 남기고, 좌측 지점은 [색] : '백색', [투명도] : '0', 우측 지점은 [색] : '백색', [투명도] : '100'으로 설정한다.

▲ 이미지 삽입 후 도형 설정 모습

▲ 그라데이션 적용 모습

❹ 이렇게 만들어진 슬라이드에 폰트를 넣어 완성해 보자. 텍스트 상자를 삽입하고 준비 과정에서 설치한 샌드박스 어그로체를 사용하여, 제목(크기 40)과 내용(크기 28)을 입력한다.

2

어두운 레이어 마스크

❶ 이미지 앞에 어두운 그라데이션 도형을 삽입하여 메시지를 보여주는 방식이다. 원하는 이미지를 다운로드하여 내 컴퓨터에 저장하고, 슬라이드에 삽입한다.

▲ 출처 : https://www.pexels.com/ko-kr/photo/3761125/

❷ 이미지와 슬라이드의 크기를 맞추기 위해서 이미지를 16:9 비율로 잘라주기 위해, [그림 서식] 탭-[크기] 그룹-[자르기]-[가로 세로 비율]-[16:9]를 클릭한다.

❸ 메시지를 좀 더 돋보이게 하고 피사체를 모서리에 배치하기 위하여, 이미지를 좀 더 확대하여 잘라주었다. 슬라이드와 눈금자를 확인하면서 이미지를 확대하고 잘라낸다. 이미지를 확대하여 사용했을 때, 화질이 떨어지지 않게 하기 위하여 해상도 높은 이미지를 다운받는다.

❹ 잘라낸 이미지 위에 직사각형 도형을 삽입하고 [도형 서식] 옵션 창을 연다. [선]-[선 없음] , [채우기]-[단색 채우기], [색] : '은색' , [투명도] : '50'으로 설정한다.

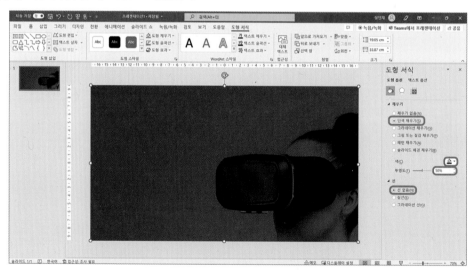

❺ 이렇게 완성된 슬라이드에 메시지를 입력하기 위해 무료 폰트인 'G마켓 산스체'를 다운받아 사용한다. [삽입]
탭-[텍스트] 그룹-[텍스트 상자] 클릭, 'G마켓산스 TTF bold', 크기 '40', 'G마켓산스 TTF light' 크기 '28'

3-09 도형 병합하기

도형 병합이란. '도형, 이미지 텍스트'를 조합하여 원하는 형태로 결과를 만들 수 있는 기능이다. 도형 병합을 잘 이용하면 파워포인트에서 사용하는 일반적인 도형이나, 모양을 벗어나 남들과는 다른 창의적인 개체를 만들 수 있다. 오피스 2013부터 사용할 수 있으며, 2010 버전에서도 사용할 수 있지만 메뉴가 숨겨져 있고 한 가지 기능은 사용할 수 없어서 추천하지 않는다.

1 도형 병합의 다섯 가지 방법

도형 병합에는 다섯 가지가 있다. '병합, 결합, 조각, 교차, 빼기'이다.

통합	2개의 개체를 1개의 개체로 병합한다.
결합	2개의 개체 사이에 겹친 부분을 삭제하고, 나머지 부분을 결합한다.
조각	2개의 개체가 서로 겹친 부분을 모두 조각낸다.
교차	2개의 개체가 서로 교차하는 부분만 남기며 나머지는 삭제한다.
빼기	먼저 선택한 개체를 두 번째로 선택한 도형만큼 삭제한다.

❶ 원하는 이미지를 다운로드한 후 슬라이드에 삽입하고 비율을 조정한다(16:9).

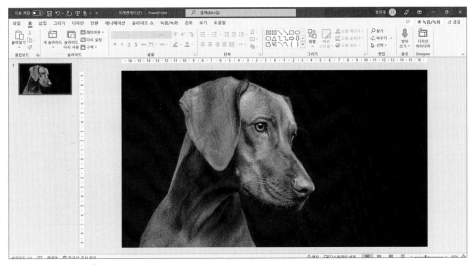

▲ 출처 : https://pixabay.com/images/id-3277417/

❷ [삽입] 탭 – [일러스트레이션] 그룹 – [도형] – [설명선] – [생각 풍선 : 구름 모양]을 삽입한다.

❸ 이미지에서 말풍선만큼 빼내기 위해서는 먼저 Ctrl 을 누른 상태에서 이미지와 도형을 순서대로 클릭한다. 선택된 상태에서 [도형 서식] 탭-[도형] 그룹-[도형 병합]-[빼기]를 클릭하면, 이미지에서 말풍선만큼 부분 삭제가 이루어진 것을 확인할 수 있다.

뒷부분에서 이러한 부분을 응용할 수 있다.

❹ 도형과 텍스트의 병합을 활용하여 다른 분위기의 슬라이드도 만들 수 있다. 먼저 원하는 이미지를 다운로드하여 슬라이드에 삽입한다. 이미지를 사용할 만큼 자르고, 다시 슬라이드에 맞춰서 16:9 비율로 자른다. 정비율로 확대하여 슬라이드를 채운다([그림 서식] 탭-[자르기]-[가로 세로 비율]-[16:9]).

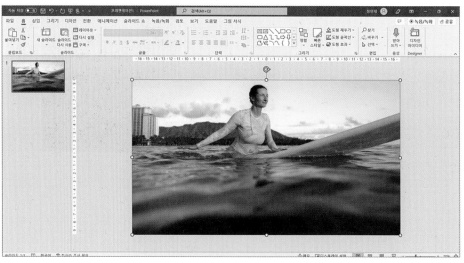

▲ https://www.pexels.com/ko-kr/photo/5277684/

❺ Ctrl+D를 눌러서 같은 이미지의 슬라이드를 두 개 더 만들고, 세 번째 슬라이드에 텍스트 상자를 삽입하여 메시지를 작성한다(surfing : 에스코어드림9, 크기 : 200 /그 외 : 경기천년바탕bold, 크기 : 20).

❻ 앞선 예제처럼 Ctrl을 누르고, 배경이 되는 이미지와 텍스트 상자를 순서대로 선택한 후 [도형 서식] 탭-[도형 삽입] 그룹-[도형 병합]-[교차]를 클릭하면 교차하는 부분만 남게 된다.

❼ 이 자체만으로도 사용이 가능하지만, 여러 가지로 응용할 수 있다. 첫 번째 슬라이드의 이미지를 선택하고 [그림 서식] 탭-[조정] 그룹-[색]-[다시 칠하기]-[청회색]을 클릭한다.

❽ 두 번째 슬라이드도 마찬가지로 청회색으로 설정하고, [그림 서식] 탭-[조정] 그룹-[투명도]-[65%]를 클릭한다.

❾ 도형 병합으로 완성한 글자를 복사하여 첫 번째 슬라이드와 두 번째 슬라이드에 붙여 넣어 슬라이드를 완성한다.

❿ 배경 이미지의 색이나 투명도를 변경하여 분위기에 맞게 활용할 수 있다.

3-10 움짤 GIF 만들기

최근 유행하는 영상 중에 움짤(움직이는 짧은 영상)이 있다. 파워포인트로도 간단하게 이러한 움짤을 만들 수 있다.

❶ 픽사베이(pixabay.com)에서 이미지를 다운로드한 후 슬라이드에 삽입한다.

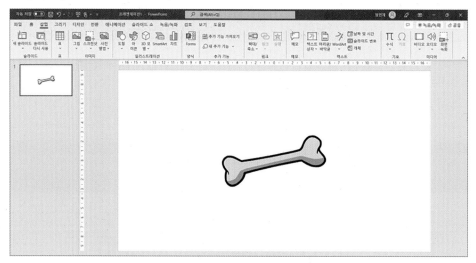

▲ 출처 : https://pixabay.com/images/id-157272/

❷ Ctrl + D 로 슬라이드를 복제해서 여섯 장의 같은 슬라이드를 만들고, 슬라이드마다 이미지의 각도를 약간씩 바꿔준다. 이미지를 선택하고 상단 회전 탭을 클릭하면 각도를 바꿀 수 있다.

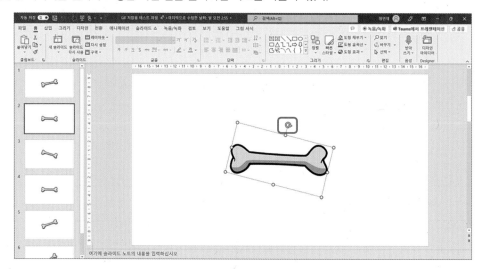

GIF 파일로 만드는 방법은 다음과 같이 두 가지가 있다.

1 **저장하여 GIF 만들기**

[F12] 또는, [파일] – [복사본 저장]을 클릭하고, 파일 형식을 '애니메이션 GIF 형식'으로 선택하여 저장한다.

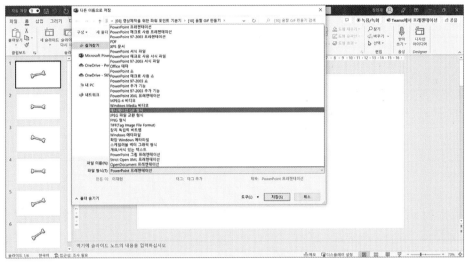

▲ [F12]

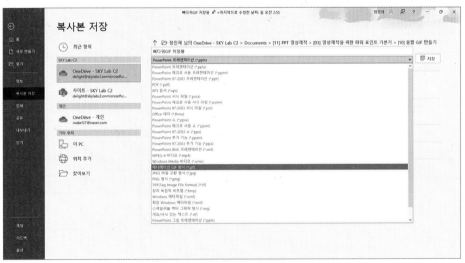

▲ 복사본 저장

이미지 크기는 '863*480'이며 8비트 기준으로 저장된다. 따라서 GIF 이미지를 크게 할 수 없다는 단점이 있다.

[파일]-[내보내기]-[애니메이션 GIF 만들기]를 클릭하면 이미지 크기를 '1080P'부터 '240P'까지 선택할 수 있다. 마이크로소프트 365 기능의 경우 배경이 제거된 투명 GIF 파일을 만들 수도 있다. 슬라이드에 소요된 시간의 설정도 가능하다.

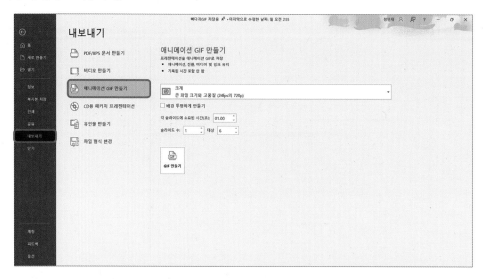

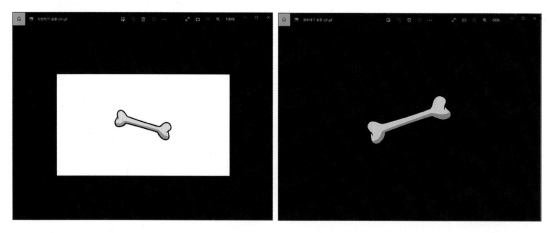

위의 이미지는 결과물의 파일을 열어 순간 캡처한 화면이다. 복사본 저장이나 F12로 저장한 결과물은 파일 용량이 작고 하얀색의 배경으로 저장된 것을 확인할 수 있다. 파일 내보내기로 투명한 배경으로 저장한 결과물은 파일 용량이 크고, 배경이 삭제된 것을 확인할 수 있다.

3-11 | 표 만들기

영상에서 표를 사용하는 경우는 생각보다 매우 많다. 영상에서 보기 좋은 표를 만들기 위해서는 네 가지 원칙이 필요하다. 함께 만들어 보자.

먼저, [삽입] 탭 – [표] 그룹 – [표]를 클릭하여 표를 그린 후 내용을 입력한다.

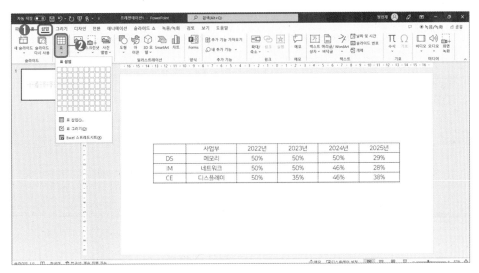

1 세로선 삭제

세로선을 삭제하면 표가 좀 더 고급스러워 보인다. 그러나 세로선이 반드시 있어야 한다면 최대한 얇게 만들고 회색을 사용하는 것이 가장 보기 좋다. 표 전체를 드래그하여 선택하고 [테이블 디자인] 탭-[표 스타일] 그룹-[테두리]를 클릭한 후 '왼쪽, 오른쪽, 안쪽 세로 테두리'를 클릭하여 세로선을 삭제한다.

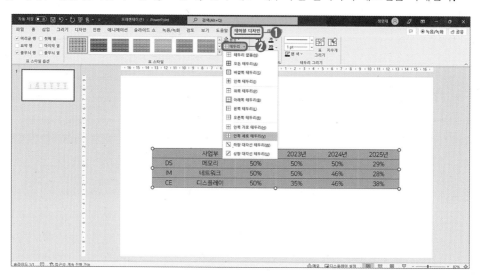

2 선의 굵기 3단계 조정

외곽선은 최대한 굵게, 제목 부분의 선은 외곽선의 1/2 정도, 내용 부분의 선은 최대한 얇게 만드는 것이 가장 좋은 방법이다. [테이블 디자인] 탭에서 테두리의 굵기와 색을 설정하고, 마우스 포인터가 펜 모양으로 변할 때 클릭하여 원하는 곳의 굵기를 바꾸거나 테두리 메뉴를 열어 설정할 수 있다. 아래 그림은 가장 외곽선의 굵기를 '3pt'로 설정하고 타이틀 선은 '2pt', 내용선은 '0.5pt'로 설정했다.

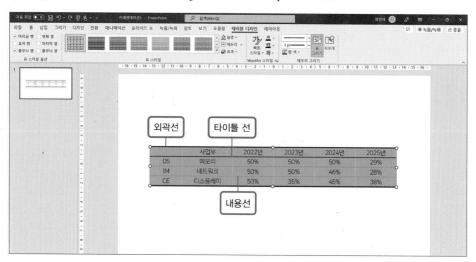

3 ⎯ 헤드라인에 차별화

타이틀 또는, 헤드라인을 기준으로 표를 읽기 때문에 두 가지를 구분해 주는 것은 매우 중요하다. 헤드라인을 드래그한 후 마우스 오른쪽 버튼을 클릭하여 [도형 서식]을 선택한다. [도형 서식] 옵션 창이 나타나면 [채우기] – [단색 채우기], 원하는 색으로 설정, 폰트를 bold 폰트로 변경, 폰트의 색상도 잘 보이도록 대비되는 색으로 설정한다.

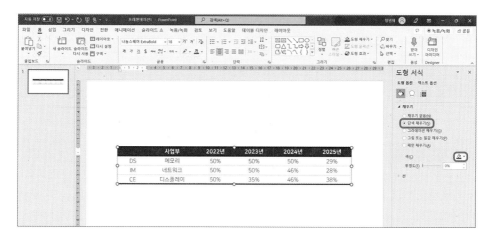

4 ⎯ 포인트 차별화

표에서 표현하고 싶은 메시지를 차별화하는 것이다. 테두리를 굵게 만들거나 색을 변경하는 방법이 가장 빠르다. 표에서 강조하고 싶은 부분에 직사각형 도형을 삽입하여 위치에 맞게 놓고, [도형 서식] 옵션 창에서 [채우기] – [단색 채우기], 포인트 색 지정, [투명도] : '50%', 도형의 선도 [선] – [실선], 포인트 색 지정, [굵기]를 '4.5pt'로 설정한다.

3-12 차트 만들기

영상 제작에서 차트의 사용은 파워포인트가 가장 강력할 것이다. 파워포인트는 차트와 시각화가 주요 목적인 프로그램이기 때문이다. 차트에서 가장 중요한 요소는 마이너스 사고이다. 차트에서 표현하고 싶은 한가지 요소만 남기고 대부분의 요소를 없애는 것이다.

1 세로 막대형 차트

가장 많이 사용하는 세로 막대형 차트를 먼저 확인해 보자. 예를 들어, [삽입] 탭 – [일러스트레이션] 그룹 – [차트] – [세로 막대형] – [묶은 세로 막대형]을 클릭하고 '계열 1'과 '계열2'를 삭제한다. 아래와 같은 정보를 삽입하면 그림과 같은 결과가 나타난다. 여기서 삭제할 [Y축], [범례], [눈금선]이다.

변경할 요소는 묶은 세로 막대형 차트를 클릭하고 [서식] 탭 – [도형 스타일] 그룹 – [도형 채우기]에서 색을 회색과 붉은색으로 변경한다. 또한 [차트 요소] – [데이터 레이블] – [바깥쪽 끝에]로 설정하면 차트의 값이 입력된다. 마무리로 폰트를 변경한다.

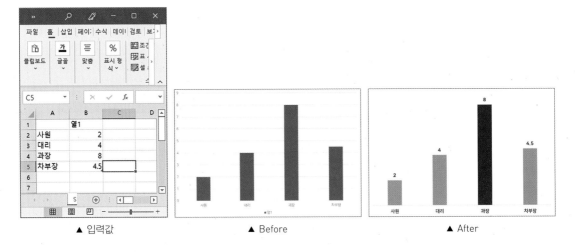

▲ 입력값   ▲ Before   ▲ After

꺾은선형 차트

꺾은선형 차트는 다음과 같이 만든다. [삽입] 탭 - [일러스트레이션] 그룹 - [차트] - [꺾은선형] - [표식이 있는 꺾은선형]을 삽입한다. '계열 1'과 '계열2'를 삭제하고 아래와 같은 정보를 삽입하면 그림과 같은 결과가 나타난다. 삭제할 부분은 [차트 제목], [범례], [눈금선], [세로축]이다.

변경할 부분은 차트를 클릭하고 [차트 레이아웃] 그룹 - [차트 요소 추가] - [데이터 레이블]을 삽입한다. 추가적으로 표식을 변경한다. 표식을 마우스 오른쪽 버튼으로 클릭한 후 [데이터 계열 서식]을 선택하고, [채우기 및 선] - [표식] - [표식 옵션] - [크기]를 '15pt'로 변경한다. 표식의 동일 위치에서 [채우기] - [단색 채우기] - [색] - [진한 빨강]으로 변경한다. 다시 표식을 마우스 오른쪽 버튼으로 클릭한 후 [데이터 계열 서식]을 선택하고, [채우기 및 선] - [선] - [실선] - [색]을 '회색'으로 변경한다. 마지막으로 폰트 종류와 크기도 변경한다.

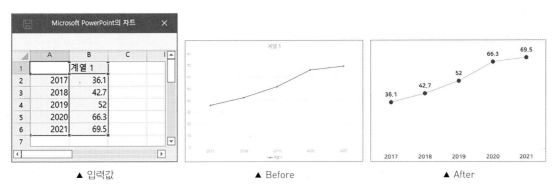

▲ 입력값   ▲ Before   ▲ After

원형 차트

원형 차트는 다음과 같이 만든다. [삽입] 탭 - [일러스트레이션] 그룹 - [차트] - [원형]을 클릭하여 원형 차트를 삽입한다. '3분기'와 '4분기'를 삭제하고 아래와 같은 정보를 삽입하면 그림과 같은 결과가 나타난다. 삭제할 부분은 [차트 제목], [범례]이다.

변경할 부분은 차트를 클릭하고 [차트 레이아웃] 그룹 - [차트 요소 추가] - [데이터 레이블 서식] - [레이블 옵션] - [값] 그리고 [항목 이름]을 체크하여 삽입한다. 추가로 데이터 값과 항목 이름의 위치와 크기를 변경한다.

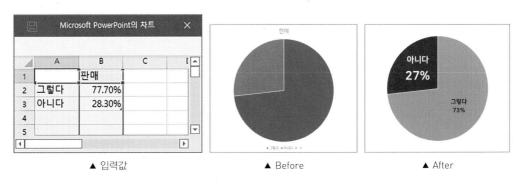

▲ 입력값   ▲ Before   ▲ After

가로 막대형 차트

가로 막대형 차트는 다음과 같이 만든다. [삽입] 탭 – [일러스트레이션] 그룹 – [차트] – [가로 막대형]을 클릭하여 가로 막대형 차트를 삽입하고, '계열 1'과 '계열 2'를 삭제한다. 아래와 같은 정보를 삽입하여 그림과 같은 결과를 만든다. 삭제할 부분은 [차트 제목], [범례], [눈금선], [가로축]이다.

변경할 부분은 차트 막대를 클릭하여 [서식] 탭 – [도형 스타일] 그룹 – [도형 채우기]에서 회색과 붉은색으로 변경한다. 또한 [차트 요소] – [데이터 레이블] – [바깥쪽 끝에]로 설정하면 차트의 값이 입력된다. 가로 막대형 파트 가장 우세한 부분을 위로 올리는 것이 직관적이므로 세로축을 마우스 오른쪽 버튼으로 클릭한 후 [축 서식]을 선택하고, [축 옵션] – [항목을 거꾸로]를 선택한다. 마지막으로 폰트를 바꿔준다.

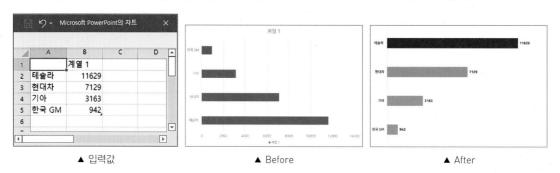

▲ 입력값   ▲ Before   ▲ After

3-13 텍스트 강조하기

영상에서 이미지, 그리고 영상 클립과 함께 사용하는 텍스트는 여러 형태로 강조가 필요하다. 텍스트 강조를 위해서는 네 가지 강조 기술이 필요하다. 함께 알아보자.

1 글꼴 굵기 이용하기

글꼴은 굵기에 따라 여러 단계로 나뉜다. 예를 들어, 에스코어 드림의 경우 'B/H/EB/B/M/R/L/EL/T'와 같이 9단계로 나뉜다. 모든 글꼴이 9단계를 갖는 것은 아니다. 대부분 타이틀이 되는 Bold, 그리고 내용을 표현하는 Regular 정도로 나누어진다. 굵은 볼드체를 강조 단어로 선정하고, 나머지는 얇은 폰트를 사용하는 것이 좋다.

▲ 강조가 안 된 결과

▲ 글꼴로 강조

2 강조점 음영 처리하기

강조하고 싶은 부분은 검은색으로 음영 처리를 하는 방법이다. 사각형 도형을 하나 삽입하며 이미지 색상 중 하나를 선택한 후 텍스트 뒤에 배치하면 된다.

▲ 녹색으로 약하게 강조
하는 방법

▲ 건물의 금색을 적용으로 강하게 강조하는 방법

3 크기 조절하기

그다음은 텍스트 크기 조절이다. 크기만 크게 해도 텍스트가 월등하게 눈에 잘 들어오는 것을 볼 수 있다.

▲ 크기 미조정

▲ 크기 조정

4 **색 조정하기**

그다음은 텍스트 색상 변경이다. 이미지 안에서 원하는 색상을 스포이트로 찾아내면, 한층 이미지와 하나가 되는 것을 볼 수 있다.

3-14 목적에 맞는 영상 크기 설정하기

최근 영상은 스마트폰과 태블릿, 컴퓨터까지 수많은 디바이스를 통해 소비된다. 목적과 사용에 맞는 영상을 만드는 것은 매우 중요하다. 예를 들어 틱톡, 유튜브의 쇼츠 영상같이 스마트폰을 목적으로 한다면 9:16 비율의 영상을 만들며, 유튜브, 네이버 TV와 같은 플랫폼에 올릴 경우 16:9 비율을 사용하는 것이 좋다. 인스타그램의 경우 4:5, 1:1 비율도 가능하다.

1 유튜브, 네이버 TV 영상

일반적인 영상 플랫폼인 유튜브, 네이버 TV와 같은 곳에 올릴 경우 16:9 비율을 사용하는 것이 가장 일반적으로 Full HD 1920*1080 영상으로 만든다. 슬라이드 크기에서 와이드 스크린이 바로 16:9 비율이다. 따라서 그대로 만들면 아래의 예제 '야 너두~' 처럼 만들 수 있다.

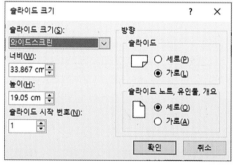

2 틱톡, 쇼츠 영상 만들기

틱톡, 쇼츠 같은 세로 영상을 9:16 비율로 제작하기 위해서 필요한 크기는 '1080*1920'이다. 파워포인트 2013 버전 이상이라면 프로그램 실행 시 슬라이드가 16:9 비율임을 확인할 수 있다. [디자인] 탭 - [사용자 지정] 그룹 - [슬라이드 크기] - [사용자 지정 슬라이드 크기] - [방향] - [슬라이드] - [세로]를 클릭하면 9:16 비율의 영상을 바로 만들 수 있다.

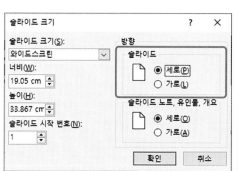

3 인스타그램 영상을 만들기 위한 비율

인스타그램 영상을 제작하기 위한 4:5 비율은 '1080*1350'이며 1:1 비율은 '1080*1080'이다. 앞서 슬라이드를 세로로 만든 뒤 너비(1080)는 유지하되, 높이를 조정하면 된다. 높이는 4:5 비율은 '23.813cm'이며 1:1 비율은 '19.05cm'이다.

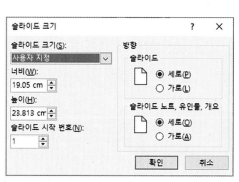

▲ 4:5 비율

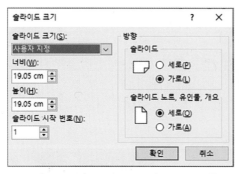

▲ 1:1 비율

두 가지 안내선 사용하기

파워포인트 안내선은 도형, 텍스트, 이미지나 영상의 위치를 정렬하여 더욱 직관적으로 쉽고 깔끔하게 배치할 수 있다. 안내선을 보는 방법은 슬라이드 빈 곳에서 마우스 오른쪽 버튼을 클릭한 후 [눈금 및 안내선]-[안내선]을 체크하면 볼 수 있다. 또한, 보이는 안내선을 마우스 오른쪽 버튼을 클릭하면 색상도 변경할 수 있다.

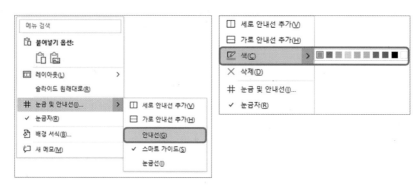

안내선의 위치는 클릭하여 잡아당기면 위치를 표현하는 값이 바뀌면서 원하는 위치로 이동시킬 수 있다. 사용하는 안내선의 첫 번째는 노란색을 사용하는 중앙선이다. 모든 개체의 가운데 놓을 수 있도록 해준다. 값은 가로/세로 '0:0'이다. 두 번째는 황금 분할선이다. 개체의 위치가 가장 안정적이고 아름다운 위치를 선정할 수 있게 한다. 안내선 색은 빨간색이며 가로/세로 '4.8 : 8.4'이다.

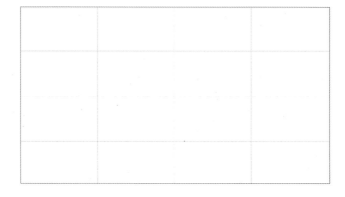

3-15 전환 효과

세계적인 애니메이션 제작사 픽사는 '토이 스토리, 몬스터 주식회사, 인크레더블, 월이, 업, 라따뚜이' 등 수많은 애니메이션을 탄생시켰다. 캐릭터를 기반으로 이야기를 만들어 움직임을 주는 것을 애니메이션이라고 한다.

파워포인트에도 움직임을 만들 수 있는 두 가지 방법으로 '전환'과 '애니메이션'이 있다. 단순하게 생각하면 전환은 페이지와 페이지 사이에 움직임을 주는 것이며, 애니메이션은 페이지 안에서 움직이는 것을 말한다. 파워포인트 영상 제작을 위해서는 전환 효과와 애니메이션 두 가지를 적절히 사용하는 것이 매우 중요하다.

1 전환(Transition)

전환은 슬라이드에서 다른 슬라이드로 이동할 때 발생하는 시각적 효과이다. 전환 효과의 속도를 제어하고, 소리를 추가하고, 시간을 지정할 수 있다. 전환은 크게 '은은한 효과, 화려한 효과, 동적 콘텐츠'로 분류한다.

은은한 효과	밝기 변화, 밀어내기, 닦아내기, 나누기, 나타내기, 자르기, 실선 무늬, 도형, 당기기, 덮기, 깜박이기
화려한 효과	넘어지기, 늘어뜨리기, 커튼, 바람, 등장하기, 부서지기, 구겨지기, 벗겨내기, 페이지 말아 넘기기, 비행기, 종이 접기, 흩어 뿌리기, 바둑판 무늬, 블라인드, 시계, 파장, 벌집형, 반짝이기, 소용돌이, 조각, 전환, 넘기기, 갤러리, 큐브, 문, 상자, 빗질, 확대/축소, 임의 효과
동적 콘텐츠	이동, 관람차, 컨베이어, 회전, 창문, 궤도, 날기

▲ 오피스 2016 기준

2 **효과적인 전환을 위한 이미지와 전환 일치시키기**

전환 효과를 사용하기 위해서는 두 가지 포인트가 중요하다. 내용과 디자인이 그것이다. 예를 들어, 종이가 구겨진 이미지를 사용한다면 구겨지기 효과를 사용한다. 문 이미지를 사용한다면 커튼이나, 문과 같은 전환 효과를 사용하는 것이다. 특정한 맵 형태의 움직임을 한다면 밀어내기의 효과가 적절하다. 이처럼 전환 효과는 이미지와 움직임을 일치시키면 그 효과를 더욱더 커진다.

3 **독이 되는 전환 효과**

전환 효과는 잘못 사용하면 오히려 독이 된다. 다음과 같은 경우는 피하도록 하자.

- 첫 번째, 뜬금없는 전환 효과의 사용이다. 내용이 진행되고 있는데 내용과는 상관없는 전환 효과를 주면 내용에 지장을 주게 된다. 내용과 상관없는 전환 효과는 지양하자.
- 두 번째, 전환 효과의 남발이다. '실선 무늬', '도형', '깜박이기'와 같은 효과를 연속적으로 사용하면 지루하거나 피로감을 느낄 것이다. 따라서 적절한 전환 효과의 사용이 매우 중요하다.

이 책의 목적은 영상을 만들되 파워포인트로 만들었다는 것을 인지하지 못하게 하는 것이다. 두 가지를 명심하고 영상의 퀄리티가 떨어지지 않도록 주의하자.

모핑은 매끄러운 전환을 통해 한 이미지나 모양, 위치를 변경하는 효과이다. 모핑을 사용하려면 공통된 개체가 하나 이상 포함된 두 개의 슬라이드가 있어야 한다. 가장 쉬운 방법은 슬라이드를 복제한 다음 두 번째 슬라이드의 개체를 다른 위치로 이동하거나 한 슬라이드의 개체를 복사하고 붙여 넣어 다음 슬라이드에 추가하는 것이다. 이렇게 두 가지 슬라이드의 변화된 부분을 영화적 움직임으로 만들어 준다.

예를 들어, 아래와 같은 이미지를 첫 번째로 지정하고 2, 3, 4페이지는 각기 다른 영역으로 지정할 경우 모핑은 좌우를 오가면서 세부적인 이미지를 보여주게 된다. 이때 이미지가 전체 움직이는 효과를 확인할 수 있다.

▲ 전체 모습

▲ 벽 이미지로 이동

▲ 의자로 이동

▲ 액자로 이동

▲ 거실 소파로 이동

▲ 다시 전체 모습

모핑을 이용하면 매우 다양한 형태의 영상을 만들어 낼 수 있다. 유튜브에서 'PowerPoint Morphing'을 검색하면 파워포인트로 만든 수많은 모핑 영상을 볼 수 있다. 마지막으로 모핑은 파워포인트 2019 버전 이상부터 마이크로소프트 365 버전까지 지원된다. 모핑 전환이 적용된 파일을 파워포인트 2016 버전(16.0.4358.1000) 이상에서만 재생이 가능하다.

3-16 음악 설정하기

최근에는 배경 음악이 없는 영상을 찾기란 매우 어려운 일이다. 배경 음악이 영상의 주인공은 아니지만 영상의 분위기와 상황을 연출하는 매우 중요한 역할을 한다. 앞서 설명한 사냥터에서 음악을 구했다면 이제 음악을 설정해 보자.

1 배경 음악 설정하기

배경 음악은 영상 내내 흘러나오는 음악이다. 따라서 모든 슬라이드에서 재생할 수 있도록 해주면 된다. 오디오 파일을 선택하고 [재생] 탭 - [오디오 옵션] 그룹 - [모든 슬라이드에서 재생]을 체크하면 된다. 파워포인트 2010 이상 버전 모두 가능하다.

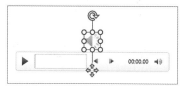
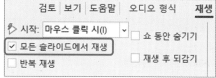

2 배경 음악 페이드 인 & 아웃(Fade in & Out)

페이드 인은 소리가 서서히 커지는 것, 페이드 아웃은 소리가 점점 작아지는 것을 뜻한다. 일반적으로 영상이 끝날 때 페이드 아웃을 2초가량 설정하는 경우가 많다. 오디오 파일을 선택하고 [재생] 탭 - [편집] 그룹 - [페이드 인]/[페이드 아웃]을 클릭하면 가능하다.

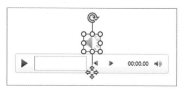
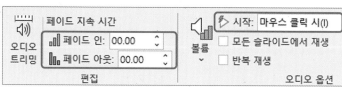

3 배경 음악으로 설정하기

배경 음악을 제대로 사용하기 위해서는 두 가지를 설정하는 것이 좋다. 첫 번째는 [모든 슬라이드에서 재생]을 체크하는 것이다. 체크하면 해당 페이지에서 슬라이드가 끝날 때까지 음악이 재생된다. 두 번째로 [쇼 동안 숨기기]를 체크하는 것이다. 음악 파일 아이콘은 영상이 재생되는 동안 보여줄 필요가 없기 때문이다. 오디오 파일을 선택하고 [재생] 탭 - [오디오 옵션] 그룹 - [모든 슬라이드에서 재생]과 [쇼 동안 숨기기]에 체크한다.

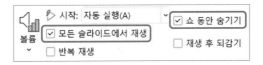

4 배경 음악 멈춤과 재생

음악을 멈추었다가 다시 나오게 하는 기능이다. 사실상 파워포인트에서 원칙적으로는 불가능한 기능이다. 그러나 트릭을 사용하면 멈춤과 시작을 조절할 수 있다. 예를 들어, 4페이지부터 중지되고 7페이지부터 다시 나온다면 다음과 같은 설정을 하면 된다.

● **음악 시작**

❶ 1페이지에서 [시작] - [자동 실행], [모든 슬라이드에서 재생]으로 설정한다.

❷ 1에서 3페이지까지 전환 효과의 [다음 시간 후]를 보면서 시간을 모두 더한다. 모두 더한 시간이 14초로 가정하자.

❸ 오디오 파일을 선택하고 [재생] 탭 - [편집] 그룹 - [오디오 트리밍] - [종료 시간]을 '14초'로 설정한다.

이렇게 한다면 4페이지부터 6페이지까지는 무음 구간이 된다. 이 구간에 다른 음악을 넣을 수도 있으며 무음으로 진행해도 좋다.

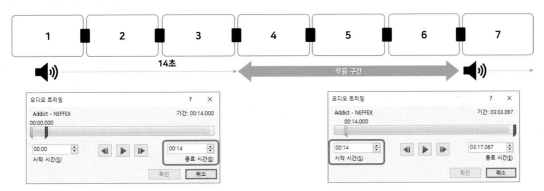

● 다시 음악 시작

❶ 7페이지에 1페이지의 오디오 파일을 복사 붙이기를 한다.

❷ 오디오 파일을 선택하고 [재생] 탭－[편집] 그룹－[오디오 트리밍]－[시작 시간]을 '14초'로 설정한다.

무음 구간을 지나 다시 음악이 시작된다.

5 효과음 삽입하기

파워포인트에서 효과음을 넣는 방법은 매우 간단하다. 원하는 개체를 선택하고 바로 다음에 효과음을 삽입하면 된다. 이때 반드시 [이전 효과와 함께 시작] 또는, [이전 효과 다음에 시작]으로 애니메이션을 선택하면 된다.

3-17 영상 트리밍

직접 촬영하거나 무료 영상 클립을 사용할 경우 영상의 특정 부분만 필요한 경우가 있다. 예를 들어, 15초의 영상 중에서 필요한 영상은 약 5초 정도라고 가정해 보자. 그렇다면 나머지 10초 부분을 잘라내야 한다. 영상을 잘라내는 것을 파워포인트에서는 '트리밍(Trimming)'이라고 부른다. 영상 트리밍하는 방법을 함께 알아보자.

1 영상 자르기

출처(www.pexels.com/ko-kr/video/4446415)의 영상은 10초 길이이다. 해당 영상을 5초만 남겨보자. [삽입] 탭-[미디어] 그룹-[비디오]-[이 디바이스]를 클릭하여 영상을 파워포인트로 가지고 온다. 영상을 선택하고 [재생] 탭-[편집] 그룹-[비디오 트리밍]을 클릭하면 그림과 같은 대화상자가 나타난다.

여기서 왼쪽 초록색 바는 시작하는 점이며 오른쪽 빨간색 바는 종료점을 뜻한다. 두 가지를 좌우로 밀면 영상이 잘리는 것을 확인할 수 있다. 또는, [시작 시간]과 [종료 시간]을 조정함으로써 좀 더 정확한 영상 트리밍을 할 수 있다. [확인]을 클릭하고 재생해 보면 해당하는 부분만 재생되는 것을 알 수 있다.

영상을 잘라냈으니, 필요 없는 부분을 제거할 차례이다. 불필요한 영상을 많이 가지고 있으면 파워포인트 실행 속도가 느려지고, 영상이 끊김 증상이 일어날 수 있기 때문이다. 그러나 잘라낸 영상을 삭제하지 않아도 파워포인트가 원활하게 구동되며 저장 공간이 충분하다면 삭제할 필요는 없다. [파일] 탭 - [정보] - [미디어 압축]을 클릭한다. 이때 세 가지 영상의 화질을 선택할 수 있다.

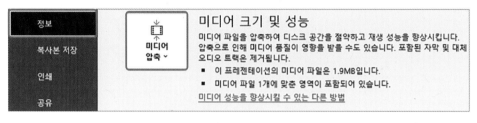

3가지 영상의 화질을 압축한 결과를 보면 다음과 같다.

원본	3,238kb
미디어 압축 Full HD 1080	1,524kb
미디어 압축 HD 720	1,524kb
미디어 압축 표준 480	1,325kb

거의 대부분 방식에서 약 50% 가량의 영상을 압축한 것을 볼 수 있다. 그러나 우리가 만들어야 하는 영상의 크기는 1920*1080 Full HD이다. 잘라내고 압축한 결과가 크게 다르지 않다면 'Full HD 1080'을 사용하는 것이 좋다.

3-18 애니메이션

영화 '신과 함께, 미생, 내부자들, 지옥, 강철비, 아파트, 은밀하게 위대하게'의 공통점이 있다. 바로 웹툰이 원작이라는 것이다. 웹툰도 재미있지만 움직임이 살아있는 영화가 더 재밌지 않을까? 그림에 움직임을 만들어서 스토리를 만들어 내는 것을 애니메이션이라고 한다. 전환 효과 부분에서 설명했듯 전화 효과는 장표의 전환이며 애니메이션은 장표 내에서의 움직임이라고 생각하면 이해하기 쉽다.

1 애니메이션의 선택하기

애니메이션의 기본적인 메커니즘은 '선택'부터 시작한다. 어떠한 움직임을 나타나게 할 것인지, 강조하게 할 것인지, 끝낼 것인지, 이동할 것인지를 선택하는 것이다. 애니메이션은 '없음, 나타나기, 강조하기, 끝내기, 이동 경로' 다섯 가지 중 하나를 선택한다. '없음'은 애니메이션을 사용하지 않는 것이다. '나타나기'는 개체가 등장할 때 사용하며, '강조하기'는 개체를 강조할 때, '끝내기'는 개체를 사라지게 할 때, '이동 경로'는 개체를 이동시킬 때 사용한다. 네 가지에서 좀 더 자세한 기능이 필요한 경우 각각의 '추가 나타나기, 추가 강조하기, 추가 끝내기, 추가 이동 경로'가 있다.

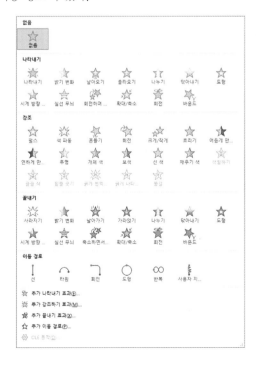

2   애니메이션 효과 옵션

대부분의 애니메이션이든 그 애니메이션 안에서든 여러 가지 효과를 줄 수 있다. 이것을 '효과 옵션'이라고 한다. 효과 옵션은 각 애니메이션에 따라 다른 옵션을 갖고 있으므로 확인이 필요하다. 또한 효과 옵션이 없는 애니메이션도 존재한다. 예를 들어, 도형을 삽입 후 날아오기 방향을 '아래, 위, 오른쪽'과 같이 설정할 수 있다.

3   애니메이션 창

애니메이션 창은 애니메이션이 진행되는 것을 모두 확인할 수 있는 타임라인이다. 영상 제작을 위해서는 필수적인 창이며 모든 움직임을 이곳에서 조정한다고 보면 된다. 애니메이션 창에서 확인할 수 있는 요소는 다음과 같다.

❶ 개수	애니메이션을 작용한 개체의 개수이다.
❷ 순서	애니메이션이 먼저 나오거나, 늦게 나오는 순서이다.
❸ 종류	나타나기, 강조하기, 끝내기, 이동 경로까지 다섯 종류가 아이콘으로 표시되며 타임라인을 확인할 수 있다.
❹ 트리거	애니메이션에 움직임을 결정하는 트리거 설정이다.
❺ 시간	애니메이션 각각에 사용되는 시간이다.
❻ 전체 시간	애니메이션이 진행되는 전체 시간을 표시한다.

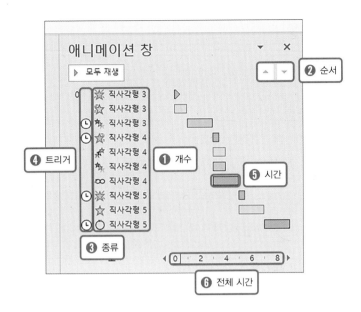

4 애니메이션 시간과 지연

'애니메이션 시간'은 애니메이션이 구동되는 시간을 의미한다. '회전'이라고 하는 애니메이션을 예를 들어 보자. 회전 애니메이션을 넣으면 기본적인 재생 시간이 2초라고 되어 있다. 너무 천천히 재생된다. 재생 시간을 0.3초로 변경하면 굉장히 빠르게 진행되는 것을 확인할 수 있다. 이것은 '나타나기, 강조, 끝내기, 이동 경로' 모두 동일하다. 또한 나오는 시간을 지연시킬 수도 있다. 지연은 영상과 텍스트 그리고 복잡한 애니메이션에서 매우 중요한 요소이므로 반드시 알아두자.

5 **애니메이션 트리거**

트리거(Trigger)는 방아쇠라는 뜻이다. 방아쇠를 당겨야 총알이 날아가듯 애니메이션에도 작동 원칙을 설정해야 한다. [애니메이션] 탭에서 [애니메이션 창]을 클릭하면 트리거를 설정할 수 있다. 애니메이션 트리거는 다음 세 가지로 나뉜다.

트리거	타임라인	아이콘	설명
클릭할 때		🖱 ☀ 그림 2	영상 PPT에서는 사용하지 않는다. 일반 프레젠테이션에서 사용한다.
이전 효과와 함께 시작	❶ ▬▬▬ ❷ ▬▬▬	없음	두 개의 이상의 개체가 함께 움직이는 것이다.
이전 효과 다음에 시작	❶ ▬▬▬ ❷　　　▬▬▬	🕐 ☀ 그림 4	하나의 개체가 애니메이션을 끝낸 후 다른 개체가 움직이는 것

6 **애니메이션 순서 바꾸기**

개체의 순서를 옮길 때는 [애니메이션 순서 바꾸기]를 이용하여 앞뒤를 변경할 수 있다.

애니메이션 복사하기

애니메이션이 비슷한 패턴으로 나온다면 일일이 적용하는 것은 매우 비효율적인 일이다. 이때 사용하는 것이 애니메이션 복사이다. 애니메이션이 적용된 개체를 선택하면 그림 ❶과 같이 [애니메이션 복사]를 할 수 있다. 복사 후 원하는 개체에 클릭하면 똑같은 애니메이션이 적용된다. 두 번 클릭하면 동일한 애니메이션을 여러 차례 복사하여 붙일 수 있다. 복사하기 단축키는 [Ctrl]+[Shift]+[C]이며, 붙여 넣기 단축키는 [Ctrl]+[Shift]+[V]이다.

8 **애니메이션 세부 효과 옵션**

애니메이션 세부 설정은 앞서 설정한 두 개의 애니메이션에 따라서 수많은 세부 설정이 존재한다. 가장 먼저 확인해야 하는 설정은 [효과]와 [타이밍]이다.

- [효과] 탭은 [설정]과 [추가 적용]으로 나뉜다. 특정 애니메이션에서는 [추가 적용] 외에 없으니 주의하자.
- [타이밍] 탭은 [지연]과 [재생 시간]이 중요하다. [지연]은 애니메이션 시간을 늦출 수 있다. [재생 시간]은 애니메이션 시간과 동일하다.

 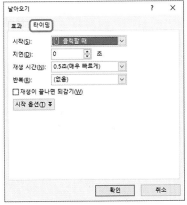

애니메이션은 파워포인트 버전별 차이가 있다. 특히 파워포인트 2010 이하 버전에서는 작동하지 않는 여러 기능이 있으므로 자신의 버전을 확인하여 가능 범위 안에서 만들어 보자.

9 **애니메이션 추가하기**

애니메이션 추가하기는 하나의 애니메이션에 또 하나의 애니메이션을 추가하는 것이다. 하나의 개체가 두 가지 움직임을 한 번에 진행하게 된다. 예를 들어, '회전' 애니메이션을 넣고, '나타나기' 애니메이션을 추가한다. 마지막으로 애니메이션을 '클릭할 때'가 아닌 '이전 효과와 함께'라고 적용하면 완성된다. 애니메이션 추가하기를 잘 사용하면 지금까지 한 번도 보지 못한 움직임을 만들 수 있다.

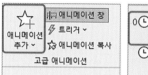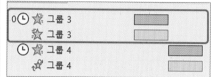

10 **애니메이션과 전환 효과를 조합하는 법**

영상을 만들기 위해서는 반드시 전환 효과의 시간 설정을 해야 한다. 시간 설정은 한 장의 슬라이드에 애니메이션이 끝나는 시간을 기준으로 계산한다. 예를 들어, 아래의 그림과 같은 애니메이션을 설정했다면, 애니메이션 시간 슬라이더를 통해 약 6초에서 모든 애니메이션이 종료되는 것을 알 수 있다. 이런 경우 화면 전환을 [다음 시간 후]로 체크하고 약 6초가량의 시간을 설정하면 다음 슬라이드로 자동으로 넘어가게 된다.

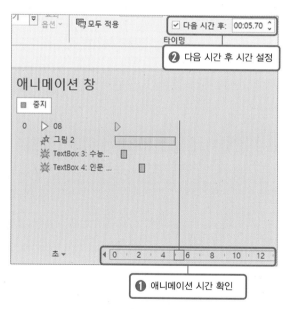

MEMO

기획에서 소스 사냥, 파워포인트 기술까지 익혔다면 이제는 실전이다. 39개의 실전 사례를 통해서 영상을 만들어 보자. 사례마다 파워포인트 원본과 영상을 준비했으므로 다운로드 이후 천천히 따라해 보면 좋은 영상을 만들 수 있을 것이다.

영상 제작 실전

4-01 이미지 32:9 기법

4-02 이미지 지도 합성

4-03 이미지 실루엣 만들기

4-04 이미지 일부 확대하기

4-05 원근감 기법

4-06 이미지 블러 및 색 조정

4-07 이미지 배경 제거 후
팝아트 효과 적용하기

4-08 이미지 레이어 마스크와
메시지 표현

4-09 GIF 만들기

4-10 이미지 목업과 영상 콤보

4-11 영상 배경색으로 전체 배경색 채우기

4-12 이미지 텍스트 병합

4-13 도형 병합과 GIF, 영상 콤보

4-14 텍스트 가속도

4-15 텍스트 볼드 강조

4-16 롱 쉐도우 만들기

4-17 목업 줌인 콤보

4-18 GIF 애니메이션 콤보

4-19 복합 애니메이션

4-20 복합 애니메이션 2

4-21 아이콘, 전환, 도형병합 핀
조명 효과 콤보

4-22 영상 3콤보

4-23 영상 자르기와 텍스트 콤보

4-24 영상 차트 콤보

4-25 영상, 변화 레이어 마스크 콤보

4-26 전환 효과만으로 만드는 영상

4-27 텍스트 모핑

4-28 이미지 모핑

4-29 이미지 줌인 모핑

4-30 3D 모델 모핑

4-31 PIP(Picture in Picture)

4-32 넷플릭스 인트로 만들기

4-33 표와 '흐리게' 효과

4-34 움직이는 아이콘과 손그림
애니메이션

4-35 레이어 마스크, 영상 콤보

4-36 텍스트 애니메이션

4-37 Chapter 애니메이션

4-38 브릿지 영상

4-39 Chapter Frame

4-01 이미지 32:9 기법

본 기술을 위해서 사용한 파워포인트 기본기는 3가지다.

✔	**이미지 자르기**		레이어 마스크		GIF 만들기
	영상 자르기		도형 색 및 테두리		표
	이미지 편집		도형 병합		차트
	텍스트 강조	✔	**애니메이션**		전환
	음악 자르기		스포이트 기능		음악 설정
	위키미디어 커먼즈	✔	**글꼴 설치**		아이콘 사냥하기

한장의 이미지를 전체를 하나처럼 보여주는 착시와 같은 기술이다. 하나의 이미지를 가각 슬라이드에 배치하여 16:9 비율이 32:9 비율처럼 느낄수 있도록 제작했다. 영상에 사용된 기술은 단 세 가지이다. 완성 파일을 이용하여 함께 만들어 보자.

1 작업 소스

	출처
글꼴	• 가나초콜릿체(bit.ly/44TGvz0)
이미지	• 갈매기(bitly.ws/JPu5)
완성 파일(PPT)	• PART 04 〉 04-01 이미지 32대9 기법.pptx
완성 파일(MP4)	• PART 04 〉 04-01 이미지 32대9 기법.mp4

2 이미지 작업

이미지를 예제와 같이 잘라서 왼쪽 날개는 첫 번째 페이지, 오른쪽 날개는 두 번째 페이지에 이미지를 삽입한다. 텍스트도 흰색으로 배치하다. 글꼴은 가나초콜릿체를 사용했고, 배경색으로 파란색(RGB 41, 109, 198)을 사용한다.

3 애니메이션 작업

애니메이션 [전환] 탭 – [슬라이드 화면 전환] 그룹 – [밀어내기]와 [효과 옵션] – [오른쪽에서]이다.

페이지	전환	효과 옵션
1페이지	[없음]	
2페이지	[밀어내기]	[오른쪽에서]

4-02 이미지 지도 합성

본 기술을 위해서 사용한 파워포인트 기본기는 6가지다.

✔	**이미지 자르기**		레이어 마스크		GIF 만들기
	영상 자르기	✔	**도형 색 및 테두리**		표
✔	**이미지 편집**		도형 병합		차트
	텍스트 강조	✔	**애니메이션**		전환
	음악 자르기		스포이트 기능		음악 설정
✔	**위키미디어 커먼즈**	✔	**글꼴 설치**		아이콘 사냥하기

여행지를 소개하거나 특정 지역을 설명할 때, 특색이 되는 사진과 지도를 함께 보여주며 설명한다면 듣는 사람은 훨씬 더 쉽게 이해할 수 있다. 이번에 함께 실습할 내용은 이미지와 지도를 합성하여 위치를 표시하는 방법이다. 완성 파일을 이용하여 함께 만들어 보자.

| 1 | 작업 소스 |

출처

글꼴	• Fave Script Bold Pro(bit.ly/3FCyDqx) • 네이버 나눔스퀘어(bit.ly/2nviCKu)
이미지	• 지도(bit.ly/3TAsNM8) • 성당(bit.ly/40oB7AN)
음악	• Teodoro Cottrau – Santa Lucia(bit.ly/3JtZK8m)
완성 파일(PPT)	• PART 04 〉 04-02 이미지 지도 합성.pptx
완성 파일(MP4)	• PART 04 〉 04-02 이미지 지도 합성.mp4

| 2 | 이미지 작업 |

지도는 SVG 파일이다. SVG 사용법은 '2-08. 아이콘 사냥하기'를 보고 작업하자. PPT에 삽입하고 그룹 해제 후 원하는 부분을 확대해서 사용한다. 성당 이미지는 16:9 비율로 잘라서 화면을 가득 채운 후, 꾸밈 효과로 블러 처리를 하고, 밝기 대비를 수정하여 이미지의 명암을 조절한다. 글꼴의 경우, 영문은 'Fave Script Bold Pro' 한글은 '네이버 나눔스퀘어'를 텍스트 상자를 이용하여 삽입한다.

| 3 | 애니메이션 작업 |

❶ 도형 색과 테두리 변경

도형화된 지도를 확대하고, 색과 테두리를 변경한 후 투명도도 설정한다.

❷ 애니메이션 밝기 변화, 확대, 축소

완성된 PPT 작업물에 애니메이션을 설정한다. 완성 파일을 열어 [애니메이션 창]에서 확인해 보자.

세부 효과 옵션은 [애니메이션 창]을 열면 나타나는 애니메이션 목록에 마우스 오른쪽 버튼을 클릭한 후 [효과 옵션]을 선택하여 설정할 수 있다.

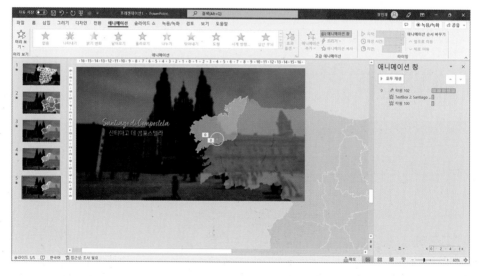

페이지	개체	애니메이션	트리거	효과 옵션
1페이지	음악	[미디어] – [재생]	이전 효과와 함께	모든 슬라이드 재생 쇼 동안 숨기기
	텍스트	[나타내기] – [밝기 변화]	이전 효과와 함께	하나의 개체로
	[전환] 탭 – [슬라이드 화면 전환] 그룹 – [밝기 변화]			다음 시간 후 [1초]
2페이지	이미지1	[나타내기] – [밝기 변화]	이전 효과와 함께	
	[전환] 탭 – [슬라이드 화면 전환] 그룹 – [밝기 변화]			다음 시간 후 [0.5초]
3페이지	[전환] 탭 – [슬라이드 화면 전환] 그룹 – [밝기 변화]			다음 시간 후 [0.5초]
4페이지	[전환] 탭 – [슬라이드 화면 전환] 그룹 – [밝기 변화]			다음 시간 후 [0.5초]
5페이지	타원1	[나타내기] – [확대/축소]	개체 센터	타이밍 – 1초/ 반복 – 5초
	텍스트	[나타내기] – [밝기 변화]	이전 효과와 함께	하나의 개체로
	타원2	[나타내기] – [밝기 변화]	이전 효과와 함께	
	[전환] 탭 – [슬라이드 화면 전환] 그룹 – [밝기 변화]			다음 시간 후 [5초]

4-03 실루엣 이미지 만들기

본 기술을 위해서 사용한 파워포인트 기본기는 2가지다.

	이미지 자르기		레이어 마스크		GIF 만들기
	영상 자르기		도형 색 및 테두리		표
✔	**이미지 편집**		도형 병합		차트
	텍스트 강조		애니메이션		전환
	음악 자르기		스포이트 기능		음악 설정
	위키미디어 커먼즈	✔	**글꼴 설치**		아이콘 사냥하기

영상을 만들 때 의외로 난감할 때가 있다. 바로 인물 사진을 사용할 때가 그러한데 국적, 피부색, 옷, 방향 그리고 표정이 달라서 조화롭게 쓰기가 어렵다. 이 방법은 저작권에서 자유롭게 사용할 수 있는 방법이다. 일단, 구글에서 'people png'를 검색해 보자.

1 작업 소스

	출처
음악	• Love Struck – E's Jammy Jams(bit.ly/3LHxAte)
완성 파일(PPT)	• PART 04 〉 04-03 이미지 실루엣 만들기.pptx
완성 파일(MP4)	• PART 04 〉 04-03 이미지 실루엣 만들기.mp4

● PNG 이미지 구하기

구글에서 PNG 이미지 검색 후 미리 보기 창에 격자무늬가 나타나는 것은, 투명한 배경 상태의 이미지를 다시 한번 캡처받은 상태를 나타낸다. 그래서 이 상태의 이미지를 다운로드하면 그대로 격자무늬까지 따라오게 된다.

지금은 투명하게 보이지만 정상적 이미지 다운로드가 아니라, 캡처를 받아놓은 상태이기 때문이다. 사이트 방문을 유도하기 위하여 만들어 놓은 이미지이다. 이런 상태의 이미지는 작업이 어렵다. 우리가 다운로드 받아야 하는 이미지는, 흰색 바탕으로 보이는데 로딩이 끝났을 때 배경이 격자무늬가 나오는 이미지이다. 이런 이미지를 복사하여 PPT 화면으로 붙여 넣으면 배경 이미지가 투명한 것을 확인할 수 있다.

● 그림 수정 밝기, 대비, 투명도 조정하기

이렇게 다운로드한 이미지를 마우스 오른쪽 버튼으로 클릭한 후 [그림 서식]을 선택하여 [그림 서식] 옵션
창을 열고 [그림]-[그림 수정]-[밝기] : '-100%', [대비]는 '100%'로 설정하면, 이미지가 검게 처리된다.

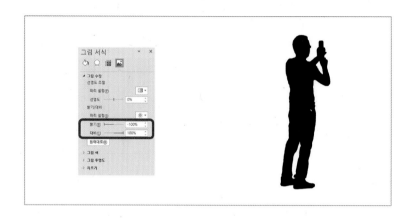

투명도를 설정하여 이미지를 회색으로 만들거나, [밝기] : '100%', [대비] : '100%'로 설정하여 흰색 실루엣
을 표현할 수 있다. 배경색에 따라서 밝기, 대비, 투명도를 조절하여 사용해 보자.

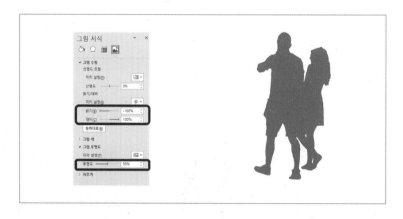

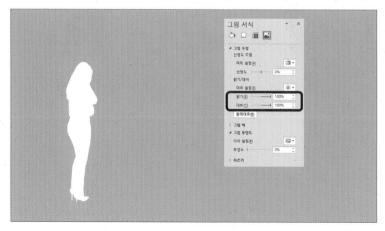

● 레이아웃 및 애니메이션 적용

키를 기준으로 레이아웃을 맞춰서 다음과 같이 표현할 수 있다.

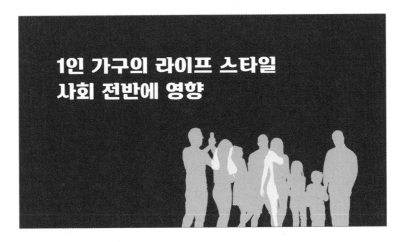

페이지	개체	애니메이션	트리거	효과 옵션
1페이지	음악	[미디어]-[재생]	이전 효과와 함께	모든 슬라이드 재생 쇼 동안 숨기기
	이미지1	[나타나기]-[밝기 변화]	이전 효과와 함께	
	이미지2	[나타나기]-[밝기 변화]	이전 효과와 함께	[지연]-[1초]
	이미지3	[나타나기]-[밝기 변화]	이전 효과와 함께	[지연]-[2초]
	[전환] 탭-[슬라이드 화면 전환] 그룹-[밝기 변화]			다음 시간 후 [4초]
2페이지	이미지1	[나타나기]-[밝기 변화]	이전 효과와 함께	
	텍스트1	[나타나기]-[밝기 변화]	이전 효과와 함께	[지연]-[1초]
	이미지2	[나타나기]-[밝기 변화]	이전 효과와 함께	[지연]-[2초]
	텍스트2	[나타나기]-[밝기 변화]	이전 효과와 함께	[지연]-[3초]
	이미지3	[나타나기]-[밝기 변화]	이전 효과와 함께	[지연]-[4초]
	이미지4	[나타나기]-[밝기 변화]	이전 효과와 함께	[지연]-[5초]
	텍스트3	[나타나기]-[밝기 변화]	이전 효과와 함께	[지연]-[6초]
	[전환] 탭-[슬라이드 화면 전환] 그룹-[밝기 변화]			다음 시간 후 [7초]
3페이지	[전환] 탭-[슬라이드 화면 전환] 그룹-[밝기 변화]			다음 시간 후 [2초]

4-04 이미지 일부 확대하기

본 기술을 위해서 사용한 파워포인트 기본기는 4가지다.

✔	**이미지 자르기**		레이어 마스크		GIF 만들기
	영상 자르기		도형 색 및 테두리		표
✔	**이미지 편집**		도형 병합		차트
	텍스트 강조	✔	**애니메이션**		전환
	음악 자르기		스포이트 기능		음악 설정
	위키미디어 커먼즈	✔	**글꼴 설치**		아이콘 사냥하기

사물 또는, 인물의 전체 부분 중 일부분을 확대하여 보여주고 싶을 때 사용한다. 이 영상에서 필요한 기본기는 글꼴 설치하기, 이미지 사냥, 이미지 자르기, 애니메이션으로 이루어져 있다. 완성 파일을 이용하여 함께 만들어 보자.

1 작업 소스

	출처
글꼴	• 한컴 울주 반구대 암각화체(bit.ly/3yXsEsp)
이미지	• 곤충1(bit.ly/40sOuzF) • 곤충2(bit.ly/3JVlpYr) • 곤충3(bit.ly/3FFLQih)
완성 파일(PPT)	• PART 04 〉 04-04 이미지 일부 확대하기.pptx
완성 파일(MP4)	• PART 04 〉 04-04 이미지 일부 확대하기.mp4

슬라이드에 균등한 간격으로 이미지를 배치한다.

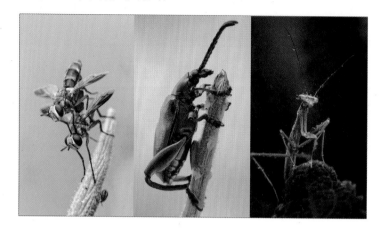

위의 슬라이드를 복제하여 똑같은 이미지가 담긴 슬라이드를 하나 더 만들고, 각각의 이미지를 선택한 후
원형 도형으로 자른다. [그림 서식] 탭 - [크기] 그룹 - [자르기] - [도형에 맞춰 자르기] - [원형]으로 자르고,
다시 [가로 세로 비율] - [1:1]로 자른다.

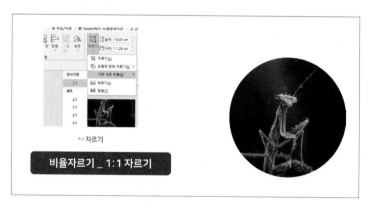

이미지가 원하는 대로 잘리면, 잘린 이미지를 확대한다.

확대한 이미지에 테두리를 더한다. 이미지를 마우스 오른쪽 버튼으로 클릭한 후 [그림 서식]을 선택하여 [그림 서식] 옵션 창이 나타나면 [채우기 및 선]-[실선]-[너비]를 '3pt'로 설정한다.

완성된 확대 이미지를 원본에 배치하고, 텍스트 상자를 삽입해 슬라이드를 완성하고 완성 파일을 참고하여 애니메이션(나타내기 : 닦아내기, 확대/축소)을 삽입하면, 자연스러운 영상이 완성된다.

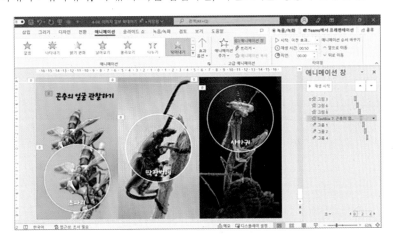

애니메이션 전체는 다음과 같다.

개체	애니메이션	트리거	효과 옵션
이미지1	[나타나기]-[닦아내기]	이전 효과 다음에	[아래에서]
이미지2	[나타나기]-[닦아내기]	이전 효과 다음에	[위에서]
이미지3	[나타나기]-[닦아내기]	이전 효과 다음에	[아래에서]
텍스트	[나타나기]-[밝기 변화]	이전 효과 다음에	[아래에서]
이미지4	[나타나기]-[확대/축소]	이전 효과 다음에	[개체 센터]
이미지5	[나타나기]-[확대/축소]	이전 효과 다음에	[개체 센터]
이미지6	[나타나기]-[확대/축소]	이전 효과 다음에	[개체 센터]

4-05 원근감 기법

본 기술을 위해서 사용한 파워포인트 기본기는 5가지다.

✓	**이미지 자르기**		레이어 마스크		GIF 만들기
	영상 자르기		도형 색 및 테두리		표
✓	**이미지 편집**		도형 병합		차트
	텍스트 강조	✓	**애니메이션**	✓	**전환**
	음악 자르기		스포이트 기능		음악 설정
	위키미디어 커먼즈	✓	**글꼴 설치**		아이콘 사냥하기

두 가지 이상의 주제나 답안을 설명할 때, 한 화면에 주제를 동시에 띄워 놓고 각각의 세부 내용을 전달하게 된다. 이때 설명하는 주제에 좀 더 주의를 집중할 수 있도록 유도하는 방법이 여러 가지 있는데 그중 하나로 사용할 수 있는 것이 바로 원근감 기법이다. 원근감 기법이란 2개의 이미지를 가지고 확대와 축소 그리고 회색조, 꾸밈 효과 등을 이용하여 거리감과 포인트를 주는 기법이다. 표범과 호랑이 예제로 실습해 보자.

1 작업 소스

출처	
글꼴	• 가나초콜릿체(bitly.ws/PfDH)
이미지	• 표범(bit.ly/3LImmom) • 호랑이(bit.ly/3ZeLlmo)
음악	• Jungle Battle Music (No Copyright) D&D │ RPG │ Fantasy Music(bit.ly/3LPjk1k)
완성 파일(PPT)	• PART 04 〉 04-05 원근감 기법 모핑 영상.pptx
완성 파일(MP4)	• PART 04 〉 04-05 원근감 기법 모핑 영상.mp4

슬라이드를 열고 마우스 오른쪽 버튼을 클릭한 후 [배경 서식]을 선택하면 나타나는 [배경 서식] 옵션 창에서 [단색 채우기] – [색]에서 '검은색'을 선택하여 배경색을 채운다.

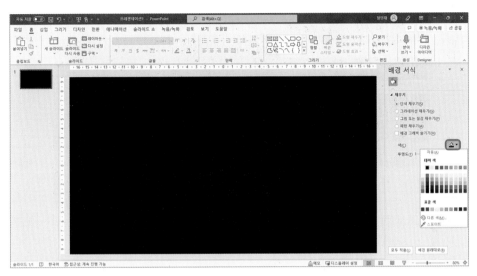

표범 이미지를 삽입하여 원하는 위치에 놓고, 호랑이 이미지는 좌우대칭으로 설정한다(이미지를 선택하면 상단 리본 메뉴에 [그림 서식] 탭이 활성화되고, [정렬] 그룹 – [회전] – [상하 대칭]을 클릭한다). 텍스트 상자를 삽입하여 원하는 문구를 입력한다(가나초콜릿체, 크기 40pt).

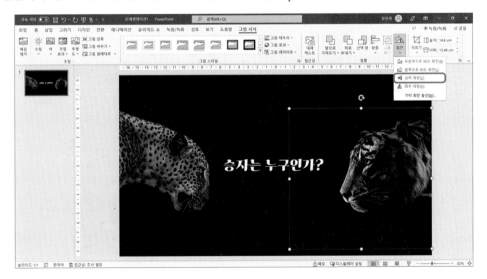

완성된 첫 번째 슬라이드를 복사하여 두 번째 슬라이드를 만든다. 좌측 표범의 모서리를 드래그하여 확대하고, 우측 호랑이는 축소한 후 [그림 서식] 옵션 창의 [색] - [색조]에서 '흑백'으로 변경한다.

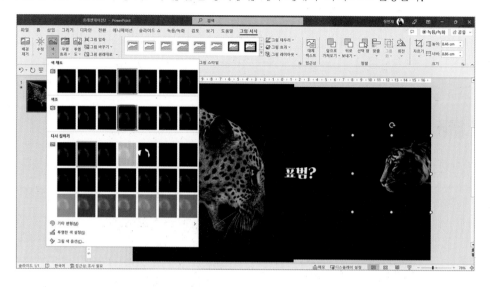

다시 첫 번째 슬라이드를 복사해서 세 번째 슬라이드를 만들고, 이번에는 위와 동일한 방법으로 좌측 표범은 축소 후 흑백으로 만들고 우측 호랑이는 확대한다.

첫 번째 슬라이드를 다시 복사해서, 네 번째 슬라이드를 만들고 텍스트를 배치한 후 슬라이드마다, 전환 효과 중 밝기 변화를 적용하면 페이지가 넘어가면서 자연스럽게 이미지가 변하는 것을 확인할 수 있다.

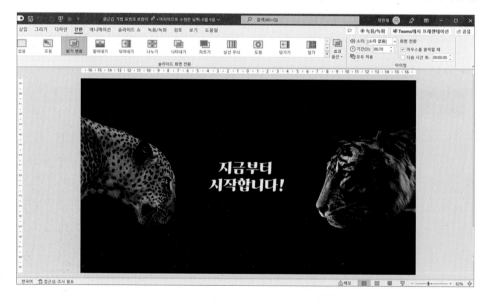

본 예제는 전환 효과만으로 가능하다. 따라서 밝기 변화와 모핑 2가지로 나누어 보았다. 밝기 변화 영상도 나쁘지 않지만, 모핑을 이용하면 이미지가 부드럽게 움직이는 것을 확인할 수 있다.

페이지	개체	애니메이션	트리거	효과 옵션
1페이지	음악	[미디어]-[재생]	이전 효과와 함께	모든 슬라이드 재생
	[전환] 탭-[슬라이드 화면 전환] 그룹-[밝기 변화] / 2019 이후 버전 [모핑]			다음 시간 후 [2초]
2페이지	[전환] 탭-[슬라이드 화면 전환] 그룹-[밝기 변화] / 2019 이후 버전 [모핑]			다음 시간 후 [2초]
3페이지	[전환] 탭-[슬라이드 화면 전환] 그룹-[밝기 변화] / 2019 이후 버전 [모핑]			다음 시간 후 [2초]
4페이지	[전환] 탭-[슬라이드 화면 전환] 그룹-[밝기 변화] / 2019 이후 버전 [모핑]			다음 시간 후 [2초]

4-06 이미지 블러 및 색 조정

본 기술을 위해서 사용한 파워포인트 기본기는 3가지다.

이미지 자르기		레이어 마스크		GIF 만들기	
영상 자르기		도형 색 및 테두리		표	
✔ **이미지 편집**		도형 병합		차트	
텍스트 강조		애니메이션		전환	
음악 자르기		스포이트 기능		음악 설정	
위키미디어 커먼즈	✔	**글꼴 설치**	✔	**아이콘 사냥하기**	

영상의 첫 시작이나 분위기를 전환하려고 할 때, 이미지보다는 텍스트를 분명하게 전해야 할 때 사용하는 기법이다. 완성 파일을 이용하여 함께 만들어 보자.

1 작업 소스

출처	
글꼴	• 한컴 울주 반구대 암각화체(bit.ly/3yXsEsp) • SB 어그로 Medium(https://sandbox.co.kr/fonts/)
이미지	• 배경(bit.ly/3n9DSHU)
음악	• bensound – badass(bitly.ws/JQnD)
아이콘	• 아이콘(bit.ly/3Z8EpH4)
완성 파일(PPT)	• PART 04 〉 04 – 06 블러와 색 조정 영상.pptx
완성 파일(MP4)	• PART 04 〉 04 – 06 블러와 색 조정 영상.mp4

이미지 작업

픽사베이에서 배경 이미지를 다운로드받아 삽입한다. 이미지를 PPT에 삽입하고 16:9 비율로 자른 후 확대하여 슬라이드에 가득 채운다. [그림 서식] 옵션 창의 [효과]-[꾸밈 효과]-[흐리게], [반경]은 '20'으로 설정하고, [그림]-[그림 수정]-[밝기]는 '40%', [대비]는 '0%'로 설정한다.

텍스트와 함께 삽입할 아이콘을 다운로드한다. 아이콘은 삽입 후 두 번의 그룹 해제를 거쳐서 도형화하고 흰색으로 변경한다. '한컴울주 반구대 암각화체'와 'SB어그로'를 사용하여 텍스트를 삽입한다.

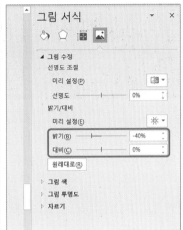

3 애니메이션 작업

아래 애니메이션과 같이 적용하면 간단하게 완성된다.

페이지	개체	애니메이션	트리거	효과 옵션
1페이지	음악	[미디어]-[재생]	이전 효과와 함께	모든 슬라이드 재생 쇼 동안 숨기기
2페이지	아이콘	[나타나기]-[확대/축소]	이전 효과 다음에	[개체 센터]
	텍스트1	[나타나기]-[압축]	이전 효과 다음에	재생 시간 [1초]
	텍스트2	[나타나기]-[확대/축소]	이전 효과 다음에	재생 시간 [0.5초]
	[전환] 앱-[슬라이드 화면 전환] 그룹-[밝기 변화]			다음 시간 후 [6초]

4-07 배경 제거 후 팝아트 효과 적용하기

본 기술을 위해서 사용한 파워포인트 기본기는 3가지다.

✔	**이미지 자르기**		레이어 마스크		GIF 만들기
	영상 자르기		도형 색 및 테두리		표
✔	**이미지 편집**		도형 병합		차트
	텍스트 강조	✔	**애니메이션**		전환
	음악 자르기		스포이트 기능		음악 설정
	위키미디어 커먼즈		글꼴 설치		아이콘 사냥하기

특정 대상과 배경이 완전히 분리되는 경우에 배경 제거가 가능한 이미지다. 이렇게 배경을 제거하고 간단한 색상을 변경하면 앤디 워홀의 팝아트 같은 느낌을 표현할 수 있다. 함께 작업해 보자.

1 작업 소스

	출처
이미지	• VR 체험(bit.ly/3LZd8UX)
음악	• bensound – Instinct(bitly.ws/JQxn)
완성 파일(PPT)	• PART 04 〉 04–07 이미지 배경 제거 후 팝아트 효과 영상.pptx
완성 파일(MP4)	• PART 04 〉 04–07 이미지 배경 제거 후 팝아트 효과 영상.mp4

2 이미지 작업

이미지를 선택하고 [그림 서식] 탭-[조정] 그룹-[배경 제거]로 배경을 제거한다.

배경이 제거된 이미지를 복제하여, 총 4개의 이미지를 만든다. 각각의 이미지를 선택하고 [그림 서식] 탭-[조정] 그룹-[색]-[다시 칠하기]에서 원하는 색상으로 변경한다.

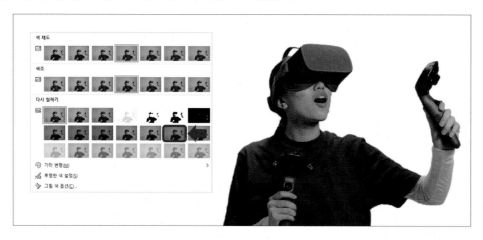

이미지의 간격과 맞춤에 유의하여, 배치한 후 애니메이션([애니메이션] 탭-[애니메이션] 그룹-[날아오기]-[왼쪽에서])을 적용한다. [애니메이션 창]에서 각각의 애니메이션을 마우스 오른쪽 버튼으로 클릭한 후 [이전 효과 다음에 시작]으로 설정하면 이미지가 자연스럽게 순차적으로 겹쳐지는 것을 확인할 수 있다.

개체	애니메이션	트리거	효과 옵션
음악	[미디어] – [재생]	이전 효과 다음에	모든 슬라이드 재생 쇼 동안 숨기기
이미지1	[나타나기] – [날아오기]	이전 효과 다음에	[재생 시간] – [0.5초] / [왼쪽에서]
이미지2	[나타나기] – [날아오기]	이전 효과 다음에	[재생 시간] – [0.5초] / [왼쪽에서]
이미지3	[나타나기] – [날아오기]	이전 효과 다음에	[재생 시간] – [0.5초] / [왼쪽에서]
이미지3	[나타나기] – [날아오기]	이전 효과 다음에	[재생 시간] – [0.5초] / [왼쪽에서]
[전환] 탭 – [슬라이드 화면 전환] 그룹 – [없음]		다음 시간 후 [6초]	

4-08 이미지 레이어 마스크와 메시지 표현

본 기술을 위해서 사용한 파워포인트 기본기는 3가지다.

✔	**이미지 자르기**		레이어 마스크		GIF 만들기
	영상 자르기		도형 색 및 테두리		표
✔	**이미지 편집**		도형 병합		차트
	텍스트 강조		애니메이션	✔	**전환**
	음악 자르기		스포이트 기능		음악 설정
	위키미디어 커먼즈		글꼴 설치		아이콘 사냥하기

다수의 항목을 순차적으로 보여주거나 비교해서 설명하고자 할 때 사용한다. 또는 설명하고 있는 항목에 시선을 집중시키기 위해서 많이 사용하는 기법이다. 애니메이션 효과를 적용하면 훌륭한 영상이 된다. 완성 파일을 이용하여 함께 만들어 보자.

1 작업 소스

	출처
이미지	• 집(bit.ly/3LHHT0d) • 노트북(bit.ly/3lz7KNk) • 동전(bit.ly/405MZId)
완성 파일(PPT)	• PART 04 〉 04-08 이미지 레이어 마스크와 메시지 표현 영상.pptx
완성 파일(MP4)	• PART 04 〉 04-08 이미지 레이어 마스크와 메시지 표현 영상.mp4

이미지 작업

세 장의 이미지를 같은 크기로 자른다. [그림 서식] 탭 – [크기] 그룹 – [자르기] – [가로 세로 비율] – [1:1], [높이], [너비]를 각각 '8.8cm'로 같은 크기로 자르고, 간격을 맞춰서 자리를 잡는다.

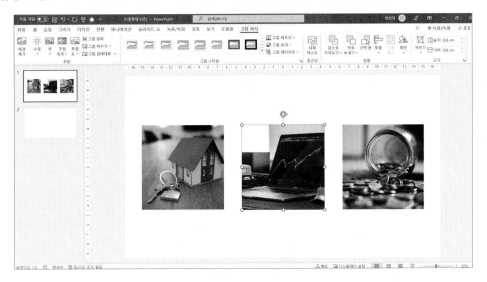

이미지를 선택하고 [그림 서식] 탭 – [조정] 그룹 – [수정] – [밝기/대비] – [대비 20%]로 설정하여 톤을 밝게 한다.

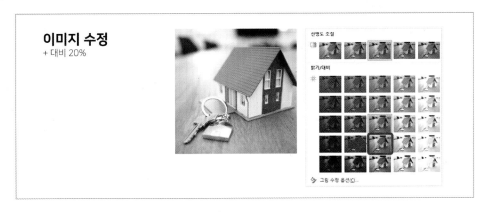

이미지에 씌울 레이어가 될 도형을 삽입한다. [삽입] 탭 – [일러스트레이션] 그룹 – [도형] – [직사각형]을 클릭하고, 메인 이미지와 같은 크기인 '8.8 cm'로 가로 세로를 맞춘다. 도형을 마우스 오른쪽 버튼으로 클릭한 후 [도형 서식]을 선택하고, [도형 서식] 옵션 창에서 [채우기] – [단색 채우기], [색]은 '검은색', [투명도]는 '50%'로 설정한다.

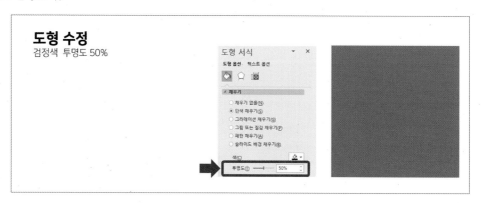

이렇게 수정된 도형을 이미지와 겹쳐놓고, 이미지는 뒤로 위치시키고 도형을 앞으로 가져오기 위해 도형을 마우스 오른쪽 버튼으로 클릭한 후 [맨 앞으로 가져오기]를 선택한다.

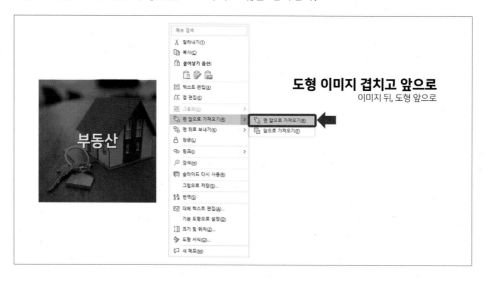

이미지와 도형, 텍스트를 정리하여 다음과 같이 결과물을 만든다.

앞선 결과물을 복사하여, 같은 결과의 슬라이드를 세 장 더 만든다(총 4장). 첫 번째 슬라이드는 그대로 유지하고, 두 번째 슬라이드는 '부동산'의 레이어 도형 삭제, 세 번째 슬라이드에서는 '주식'의 레이어 도형 삭제, 네 번째 슬라이드에서는 '코인'의 레이어 도형을 삭제한다. 두 번째 슬라이드부터 [전환] 탭 - [슬라이드 화면 전환] 그룹 - [밝기 변화]를 적용한다.

밝기 변화 효과를 삽입하고 1페이지부터 슬라이스 쇼를 실행해보면, 순서에 맞게 밝기가 조절되면서 페이지가 넘어가는 것을 확인할 수 있다.

페이지	전환	효과 옵션
1페이지		기간 [1초] / 다음 시간 후 [1초]
2페이지	[밝기 변화]	기간 [1초] / 다음 시간 후 [1초]
3페이지	[밝기 변화]	기간 [1초] / 다음 시간 후 [1초]
4페이지	[밝기 변화]	기간 [1초] / 다음 시간 후 [1초]

4-09 GIF 만들기

본 기술을 위해서 사용한 파워포인트 기본기는 3가지다.

✔	**이미지 자르기**		레이어 마스크		GIF 만들기
	영상 자르기		도형 색 및 테두리		표
✔	**이미지 편집**		도형 병합		차트
	텍스트 강조		애니메이션		전환
	음악 자르기		스포이트 기능		음악 설정
	위키미디어 커먼즈		글꼴 설치	✔	**아이콘 사냥하기**

이미지에 아이콘을 더해서 사용하면 전달하려는 주제가 명료해진다. 이때 아이콘을 GIF 파일로 움직이게 한다면 좀 더 생동감 있는 영상을 만들 수 있다. 완성 파일을 이용하여 함께 만들어 보자.

1 작업 소스

	출처
영상	• 영상 파일(bit.ly/3JEeX6V)
아이콘	• 아이콘 1(bit.ly/3JYu9go) • 아이콘 2(bit.ly/3yXkmAQ)
완성 파일(PPT)	• PART 04 〉 04–09 GIF 만들기.pptx
완성 파일(GIF)	• PART 04 〉 04–09 GIF 결과 막대 그래프/GIF 결과 원 그래프.gif

다운로드한 아이콘을 두 번 그룹 해제하여 도형화한다.

● 애니메이션 설정하기

가로 막대 그래프 아이콘에는 좌에서 우 방향의 애니메이션을 적용한다. [애니메이션] – [닦아내기], [효과 옵션] – [왼쪽에서]로 설정, 원형 그래프에는 [애니메이션] – [시계 방향 회전], [효과 옵션] – [살1개]로 설정한다. 애니메이션이 재생되는 상태를 GIF 파일로 저장하기 위해서 재생 시간과 순서를 확인한다.

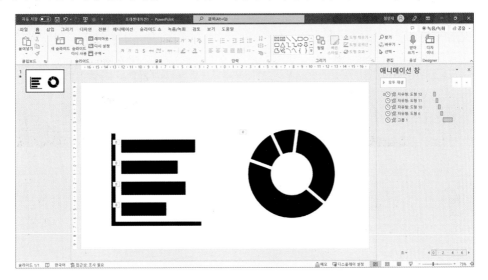

● GIF 저장하기

각 아이콘을 따로 저장하기 위해서 파일을 분리한다. [파일] – [내보내기] – [애니메이션 GIF 만들기]에서 그림과 같이 설정하고 [GIF 만들기]를 클릭하여 파일을 생성한다.

● 파일 조합 및 완성

배경이 될 이미지 또는, 영상을 슬라이드에 삽입하고 그 위에 애니메이션 GIF 파일을 겹쳐 놓는다.

4-10 이미지 목업과 영상 콤보

본 기술을 위해서 사용한 파워포인트 기본기는 3가지다.

✔	**이미지 자르기**		레이어 마스크		GIF 만들기
	영상 자르기		도형 색 및 테두리		표
✔	**이미지 편집**		도형 병합		차트
	텍스트 강조		애니메이션		전환
	음악 자르기		스포이트 기능		음악 설정
	위키미디어 커먼즈		글꼴 설치	✔	**아이콘 사냥하기**

목업의 고급스러운 느낌과 영상을 연결시키는 기술이다. 영상 인트로를 진행하기에 적합한 기술이다. 다음의 설명처럼 함께 따라해 보자.

1 작업 소스

출처	
글꼴	• SB 어그로 Bold(https://www.sandbox.co.kr/fonts) • Ink Free(bit.ly/3Z8xGgD)
영상	• 도시 영상(bit.ly/2OHGbwd)
음악	• Everything Is Gonna Be Just Fine – Jeremy Blake(bit.ly/43CrO2b)
완성 파일(PPT)	• PART 04 〉 04-10 이미지 목업과 영상 콤보 영상.pptx
완성 파일(MP4)	• PART 04 〉 04-10 이미지 목업과 영상 콤보 영상.mp4

영상 작업

영상을 슬라이드에 삽입하고 폰트를 넣어 슬라이드를 완성한다. 만들어진 슬라이드를 아래와 같이 이미지로 저장한다. F12를 눌러 [다른 이름으로 저장] 대화상자가 나타나면 [파일 형식]을 'JPEG 파일 교환 형식'으로 설정한 후 [저장]을 클릭한다. 슬라이드 선택 창이 나타나면 [현재 슬라이드만]을 클릭한다.

3 목업 적용

'www.mockdrop.io'에 접속하여 마음에 드는 이미지를 선택(bit.ly/46ceJOO)하고 앞에서 만들었던 이미지를 적용하여 다운로드한다.

다운로드한 목업 이미지를 슬라이드에 삽입하고 16:9 비율로 잘라서 슬라이드에 맞춘다. 두 번째 슬라이드에는 처음 만들어 둔 영상을 삽입한다.

두 번째 슬라이드를 선택하고 [전환] 탭-[슬라이드 화면 전환] 그룹-[문], [효과 옵션]-[세로]로 설정한다.

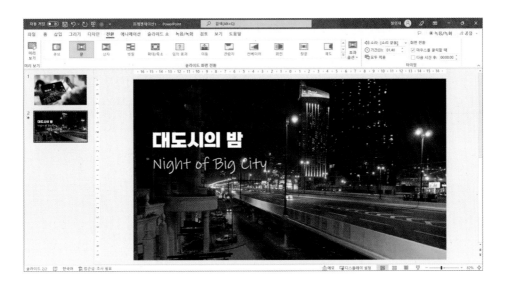

첫 장부터 슬라이드 쇼를 해보면 목업과 영상의 콤비네이션으로 좀 더 역동적인 인트로를 확인할 수 있다.
영상 트리밍은 8초로 잡고 전환 효과도 8초로 잡아 주면 바로 종료된다.

페이지	개체	애니메이션	트리거	효과 옵션
1페이지	음악	[미디어]-[재생]	이전 효과 다음에 시작	모든 슬라이드 재생 쇼 동안 숨기기
	[전환] 탭-[슬라이드 화면 전환] 그룹-[없음]			다음 시간 후 [2초]
2페이지	영상	[미디어]-[재생]	이전 효과 다음에 시작	
	[전환] 탭-[슬라이드 화면 전환] 그룹-[문]			트리밍 [8초] 다음 시간 후 [8초]

4-11 배경색으로 전체 배경색 채우기

본 기술을 위해서 사용한 파워포인트 기본기는 2가지다.

	이미지 자르기		레이어 마스크		GIF 만들기
✔	**영상 자르기**		도형 색 및 테두리		표
	이미지 편집		도형 병합		차트
	텍스트 강조		애니메이션		전환
	음악 자르기	✔	**스포이트 기능**		음악 설정
	위키미디어 커먼즈		글꼴 설치		아이콘 사냥하기

영상이 가지고 있는 배경색으로 전체 배경색을 설정하는 기술이다. 영상은 이미지처럼 배경 제거가 불가능하다. 이런 경우 스포이트 기능을 이용하여 배경색을 모두 변경하면 영상과 하나 된 느낌을 낼 수 있다. 완성 파일을 이용하여 함께 만들어 보자.

1 작업 소스

	출처
영상	• 나비 영상(bit.ly/3z2h6UI)
완성 파일(PPT)	• PART 04 〉 04 – 11 배경색으로 배경색 채우기 영상.pptx
완성 파일(MP4)	• PART 04 〉 04 – 11 배경색으로 배경색 채우기 영상.mp4

영상을 다운로드 받아 슬라이드에 삽입하고 사용하려는 부분만 자른다([비디오 형식] 탭-[크기] 그룹-[자르기]).

배경이 되는 슬라이드의 하얀색을 마우스 오른쪽 버튼으로 클릭한 후 [배경 서식]을 선택한다. [배경 서식] 옵션 창의 [채우기]-[단색 채우기]를 체크하고 스포이트로 삽입한 영상의 배경을 클릭하면 슬라이드 배경 전체가 영상의 색상으로 변경되는 것을 확인할 수 있다.

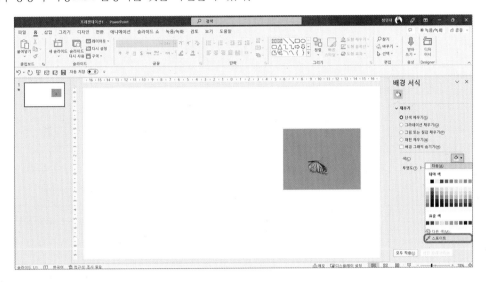

영상을 복사하고(Ctrl+C) 붙이기(Ctrl+V)를 반복하여 화면을 채운다.

각각의 영상을 선택하고 [재생] 탭-[편집] 그룹-[비디오 트리밍]을 클릭하면 그림과 같이 비디오 트리밍 설정을 할 수 있다. 연두색 바와 빨간색 바를 움직여서, 영상의 시작과 끝 지점을 지정한다. 영상 각각의 시작 지점을 달리하고, [애니메이션]-[재생]-[이전 효과와 함께]로 설정하여 자연스러운 영상을 완성한다.

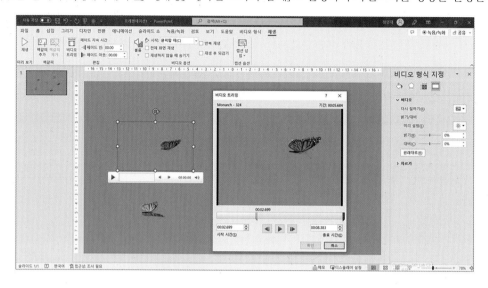

개체	애니메이션	트리거	효과 옵션
영상 1	[미디어]-[재생]	이전 효과와 함께	
영상 2	[미디어]-[재생]	이전 효과와 함께	
영상 3	[미디어]-[재생]	이전 효과와 함께	
영상 4	[미디어]-[재생]	이전 효과와 함께	
영상 5	[미디어]-[재생]	이전 효과와 함께	
영상 6	[미디어]-[재생]	이전 효과와 함께	

4-12 이미지 텍스트 병합

본 기술을 위해서 사용한 파워포인트 기본기는 4가지다.

✔	**이미지 자르기**		레이어 마스크		GIF 만들기
	영상 자르기		도형 색 및 테두리		표
✔	**이미지 편집**	✔	**도형 병합**		차트
	텍스트 강조		애니메이션		전환
	음악 자르기		스포이트 기능		음악 설정
	위키미디어 커먼즈	✔	**글꼴 설치**		아이콘 사냥하기

메시지를 전달할 때 영상과 텍스트를 조합하여 고급스러운 느낌을 만들 수 있다. 다음과 같은 디자인을 연습하고 영상으로 연결해 보자.

1 작업 소스

출처	
글꼴	• 에스코어드림(bitly.ws/JUNL) • 경기천년바탕 Bold(bitly.ws/JUP9)
이미지	• 서핑(04-12 이미지 텍스트 병합 영상.pptx 참고)
음악	• Upbeat Chill Electronic by Infraction [No Copyright Music] / Surfing Time(bit.ly/3FKLgzX)
완성 파일(PPT)	• PART 04 〉 04-12 이미지 텍스트 병합 영상.pptx
완성 파일(MP4)	• PART 04 〉 04-12 이미지 텍스트 병합 영상.mp4

이미지를 슬라이드에 맞춰서 자르고 확대한다. 크기와 위치를 확정한 상태로 슬라이드를 복사하여, 똑같은 슬라이드를 하나 더 만든다. 첫 번째 슬라이드는 그대로 두고, 두 번째 슬라이드에 텍스트 상자를 삽입하여 텍스트를 배치한다(영문 : 에스코어드림, 한글 : 경기천년바탕 Bold).

이미지를 선택하고 Ctrl 을 누른 상태로 텍스트 상자를 선택한다. [도형 서식] 탭 – [도형 삽입] 그룹 – [도형 병합] – [교차]를 클릭하면 그림과 같이 그림과 텍스트가 교차된 부분만 남게 된다.

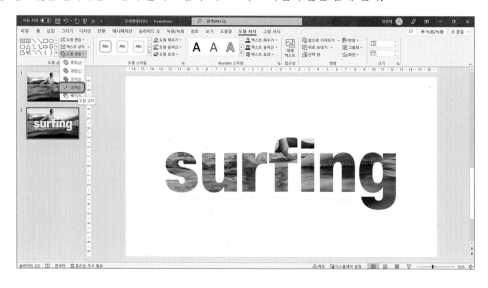

첫 번째 슬라이드의 이미지를 선택하고 [그림 서식] 탭-[조정] 그룹-[투명도]-[투명도:65%]로 설정하여 이미지를 흐릿하게 만든다. 또는, [조정] 그룹-[색]-[채도]를 설정하여, 흑백이나 다른 색의 이미지로 만들 수도 있다. 이렇게 채도나 색상을 변경한 이미지에 아래의 텍스트 결과물을 복사하여 그대로 붙여 넣는다.

페이지	개체	애니메이션	트리거	효과 옵션
1페이지	음악	[미디어]-[재생]	이전 효과와 함께	모든 슬라이드 재생 쇼 동안 숨기기
	이미지1	[강조]-[크게 작게]	이전 효과와 함께	[설정]-[크기]-[165%] [지연]-[1초]
		[이동 경로]-[선]	이전 효과와 함께	[아래쪽] / [지연]-[1초]
	[전환] 탭-[슬라이드 화면 전환] 그룹-[없음]			다음 시간 후 [5초]
2페이지	[전환] 탭-[슬라이드 화면 전환] 그룹-[밝기 변화]			다음 시간 후 [0.5초]
3페이지	텍스트1	[나타나기]-[올라오기]	이전 효과와 함께	
	텍스트2	[나타나기]-[나타내기]	이전 효과와 함께	[지연]-[1초] [텍스트 애니메이션] -[문자 단위로] [초 문자 사이 지연]-[0.1초]
	[전환]-[없음]			다음 시간 후 [4초]
4페이지	[전환] 탭-[슬라이드 화면 전환] 그룹-[밝기 변화]			다음 시간 후 [1초]
5페이지	[전환] 탭-[슬라이드 화면 전환] 그룹-[밝기 변화]			다음 시간 후 [1초]

4-13 도형 병합과 GIF, 영상 콤보

본 기술을 위해서 사용한 파워포인트 기본기는 6가지다.

✔	이미지 자르기		레이어 마스크	✔	GIF 만들기
✔	영상 자르기		도형 색 및 테두리		표
✔	이미지 편집	✔	도형 병합		차트
	텍스트 강조	✔	애니메이션		전환
	음악 자르기		스포이트 기능		음악 설정
	위키미디어 커먼즈		글꼴 설치		아이콘 사냥하기

도형 병합과 영상을 이용하여 움직임을 만들어 내는 기술이다. GIF 파일과 영상을 연결하면 더욱 풍성한 내용을 만들 수 있다. 완성 파일을 이용하여 함께 만들어 보자.

1　작업 소스

	출처
글꼴	• SB 어그로 Bold(https:///www.sardbox.co.kr/fonts)
이미지	• 강아지(bit.ly/3LG2BgX)
음악	• Upbeat Happy No Copyright Free Instrumental Background Music Mix by Limujii(bit.ly/3TFwK2a)
영상	• 영상(bit.ly/409Jy2W)
완성 파일(PPT)	• PART 04 〉 04-13 도형 병합, GIF, 영상 콤보 영상.pptx
완성 파일(MP4)	• PART 04 〉 04-13 도형 병합, GIF, 영상 콤보 영상.mp4

이미지를 슬라이드에 넣고 도형을 삽입한다(생각풍선: 구름 모양).

배경 이미지를 선택하고 [Ctrl]을 누른 상태로 도형(생각풍선)을 클릭한다. [도형 서식] 탭-[도형 삽입] 그룹-[도형 병합]-[빼기]를 클릭하여 배경 이미지에서 생각풍선 모양의 구멍이 생기게 한다. '3-10. 움짤 GIF 만들기'를 참고하여, 만들어진 뼈다귀 모양의 GIF 파일을 겹쳐 주면 강아지가 뼈다귀를 생각하는 듯한 장면을 만들 수 있다.

배경 이미지에 텍스트 상자를 삽입하여 텍스트를 입력한다. 배경 이미지를 선택하고 [Ctrl]을 누른 상태로 텍스트 상자를 클릭한다. [도형 서식] 탭-[도형 삽입] 그룹-[도형 병합]-[도형 빼기]를 클릭하여, 배경 이미지에서 텍스트 모양의 구멍이 생기게 한다. 불꽃이 이는 영상을 슬라이드에 삽입하고, 영상을 배경 이미지 뒤로 보낸다. 배경 이미지를 확대하고 전환 효과와 애니메이션을 설정하여 효과를 더 할 수 있다.

페이지	개체	애니메이션	트리거	효과 옵션
1페이지	음악	[미디어] – [재생]	이전 효과와 함께	모든 슬라이드 재생
	[전환] 탭 – [슬라이드 화면 전환] 그룹 – [밝기 변화]			다음 시간 후 [0.5초]
2페이지	[전환] 탭 – [슬라이드 화면 전환] 그룹 – [밝기 변화]			다음 시간 후 [0.5초]
3페이지	[전환] 탭 – [슬라이드 화면 전환] 그룹 – [밝기 변화]			다음 시간 후 [3.5초]
4페이지	이미지	[강조] – [크게/작게]	이전 효과와 함께	
		[이동 경로] – [선]	이전 효과와 함께	
	[전환] 탭 – [슬라이드 화면 전환] 그룹 – [밝기 변화]			다음 시간 후 [4초]
5페이지	영상	[미디어] – [재생]	이전 효과와 함께	[트리밍] – [6초]
	[전환] 탭 – [슬라이드 화면 전환] 그룹 – [밝기 변화]			다음 시간 후 [6초]

4-14 텍스트 가속도

본 기술을 위해서 사용한 파워포인트 기본기는 2가지다.

이미지 자르기		레이어 마스크		GIF 만들기
영상 자르기		도형 색 및 테두리		표
이미지 편집		도형 병합		차트
텍스트 강조	✔	**애니메이션**		전환
음악 자르기		스포이트 기능		음악 설정
위키미디어 커먼즈	✔	**글꼴 설치**		아이콘 사냥하기

숫자를 빠르게 넘겨 가속도를 표현하는 기법이다. 마블 영화 인트로처럼 카툰 이미지가 넘어갈 때 뒤로 갈수록 빠르게 넘기는 가속도 기법이 가능한 것이다. 완성 파일을 이용하여 함께 만들어 보자.

1 작업 소스

	출처
글꼴	• 이사만루체 Medium(bit.ly/3Tz7SZO)
완성 파일(PPT)	• PART 04 〉 04 – 14 가속도 텍스트 영상.pptx
완성 파일(MP4)	• PART 04 〉 04 – 14 가속도 텍스트 영상.mp4

1부터 12번까지, 각각 개별적으로 텍스트 상자를 삽입한다. 이때, 슬라이드의 가로 중앙에 놓이도록 정렬해
둔다([도형 서식] 탭 – [정렬] 그룹 – [맞춤]).

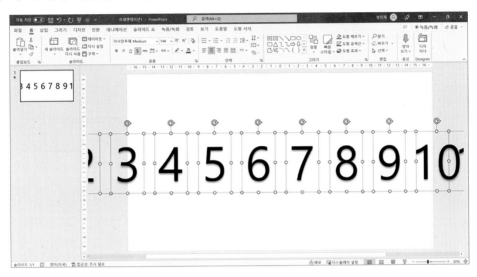

숫자 1번은 '이전 효과와 함께' 2번부터 12번까지 모든 효과는 '이전 효과 다음에 시작'으로 설정하고, 아래의
표를 참고하여 효과 옵션을 설정한다.

[애니메이션 창]을 열고, 각각의 애니메이션을 더블클릭하거나, 마우스 오른쪽 버튼을 클릭하면 [효과 옵션]
을 불러올 수 있다.

개체	애니메이션	트리거	효과 옵션
텍스트 1	[나타나기] – [올라오기]	이전 효과와 함께	[애니메이션 후] – [숨기기]/[타이밍] – [0.5]
텍스트 2	[나타나기] – [올라오기]	이전 효과 다음에	[애니메이션 후] – [숨기기]/[타이밍] – [0.4]
텍스트 3	[나타나기] – [올라오기]	이전 효과 다음에	[애니메이션 후] – [숨기기]/[타이밍] – [0.3]
텍스트 4	[나타나기] – [올라오기]	이전 효과 다음에	[애니메이션 후] – [숨기기]/[타이밍] – [0.25]
텍스트 5	[나타나기] – [올라오기]	이전 효과 다음에	[애니메이션 후] – [숨기기]/[타이밍] – [0.2]
텍스트 6	[나타나기] – [올라오기]	이전 효과 다음에	[애니메이션 후] – [숨기기]/[타이밍] – [0.15]
텍스트 7	[나타나기] – [올라오기]	이전 효과 다음에	[애니메이션 후] – [숨기기]/[타이밍] – [0.1]

텍스트 8	[나타나기]-[올라오기]	이전 효과 다음에	[애니메이션 후] - [숨기기]/[타이밍]-[0.15]
텍스트 9	[나타나기]-[올라오기]	이전 효과 다음에	[애니메이션 후] - [숨기기]/[타이밍]-[0.2]
텍스트 10	[나타나기]-[올라오기]	이전 효과 다음에	[애니메이션 후] - [숨기기]/[타이밍]-[0.25]
텍스트 11	[나타나기]-[올라오기]	이전 효과 다음에	[애니메이션 후] - [숨기기]/[타이밍]-[0.3]
텍스트 12	[나타나기]-[올라오기]	이전 효과 다음에	[애니메이션 후] - [숨기기]/[타이밍]-[0.75]

4 텍스트 배치 및 정렬

이렇게 애니메이션 설정이 끝나면 모든 숫자를 드래그하여 선택하고 가운데 정렬하여 같은 위치에 겹치도록 한다([도형 서식] 탭-[정렬] 그룹-[맞춤]-[가운데 맞춤]).

애니메이션을 재생하여 같은 위치에서 표현되는지 확인한다.

4-15 텍스트 볼드 강조

본 기술을 위해서 사용한 파워포인트 기본기는 2가지다.

이미지 자르기		레이어 마스크		GIF 만들기	
영상 자르기		도형 색 및 테두리		표	
이미지 편집		도형 병합		차트	
텍스트 강조		애니메이션	✔	**전환**	
음악 자르기		스포이트 기능		음악 설정	
위키미디어 커먼즈	✔	**글꼴 설치**		아이콘 사냥하기	

폰트의 굵기를 다르게 하고 빠르게 화면을 전환하여 키워드를 강조하는 방법이다. 특별히 적용해야 하는 전환 효과는 없으며, 화면 전환 시간을 '0.3초'로 설정하여 빠르게 화면을 전환하면 된다. 완성 파일을 이용하여 함께 만들어 보자.

1 작업 소스

	출처
글꼴	• 에스코어 드림(bit.ly/3LJZh4p)
완성 파일(PPT)	• PART 04 〉 04-15 텍스트 볼드 강조 영상.pptx
완성 파일(MP4)	• PART 04 〉 04-15 텍스트 볼드 강조 영상.mp4

❶ 첫 번째 슬라이드에 텍스트 상자를 삽입하고 텍스트를 입력한 후 글꼴을 '에스코어 드림 3 Light'로 설정한다.

❷ 첫 번째 슬라이드를 복사하여 두 번째 슬라이드를 만든다.

❸ 두 번째 슬라이드의 키워드를 드래그하여, 글꼴을 '에스코어 드림 9 Black'으로 설정한다.

❹ 첫 번째, 두 번째 슬라이드를 복사하여 총 11장의 슬라이드를 만든다. 짝수 번호 슬라이드에는 키워드의 글꼴을 '에스코어 드림 9 Black', 홀수 번호 슬라이드에는 전체 '에스코어 드림 3 Light'로 설정되어 있는지 확인한다.

❺ 짝수 슬라이드의 키워드 색상을 변경한다(ex. 빨강, 보라, 초록, 빨강, 갈색)

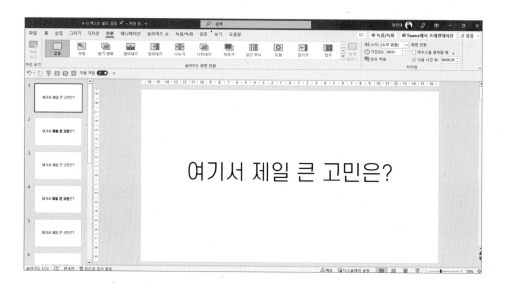

모든 슬라이드에서 [전환] 탭 – [타이밍] 그룹 – [화면 전환] – [다음 시간 후]를 체크하고 '00:00.30'으로 설정한다.

슬라이드 쇼 보기로 확인해 보면, 텍스트가 강조되는 듯한 영상으로 만들어진 것을 볼 수 있다.

페이지	전환 효과	효과 옵션
1페이지	없음	다음 시간 후 [0.3초]
2페이지	없음	다음 시간 후 [0.3초]
3페이지	없음	다음 시간 후 [0.3초]
4페이지	없음	다음 시간 후 [0.3초]
5페이지	없음	다음 시간 후 [0.3초]
6페이지	없음	다음 시간 후 [0.3초]
7페이지	없음	다음 시간 후 [0.3초]
8페이지	없음	다음 시간 후 [0.3초]
9페이지	없음	다음 시간 후 [0.3초]
10페이지	없음	다음 시간 후 [0.3초]
11페이지	없음	다음 시간 후 [0.3초]
12페이지	없음	다음 시간 후 [0.3초]

:: TIP ::

본 예제는 모든 장표가 0.3초로 설정되어 있다. 이 설정을 하기 위해서 가장 빠른 방법은 왼쪽에 있는 [모두 적용]을 클릭하는 것이다. 그러면 전체 페이지가 0.3초로 변경될 것이다.

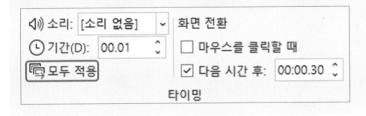

4-16 롱 쉐도우 만들기

롱 쉐도우 개념은 윈도우 8이 단순함을 추구하는 플랫 디자인을 채택하면서 시작되었다. 롱 쉐도우는 말 그대로 '긴 그림자 기법'이다. 텍스트나 이미지에 그림자를 넣어 극적인 효과로 시선을 끄는 등 활용이 가능하지만, 흔히 포토샵이나 일러스트레이터로 작업하기 때문에 포토샵을 잘 다루기 힘든 환경에서는 포기해야 했던 기법이다. 파워포인트의 여러 메뉴를 조합하여 롱 쉐도우를 좀 더 쉽게 만들어 보자.

1 작업 소스

	출처
글꼴	• 에스코어드림(bit.ly/3LJZh4p)
아이콘	• 비행기(bit.ly/42ACrlK)
이미지	• 그라데이션 이미지(bit.ly/409LJn8)
완성 파일(PPT)	• PART 04 〉 04-16 텍스트 롱 쉐도우 만들기 영상.pptx
완성 파일(MP4)	• PART 04 〉 04-16 텍스트 롱 쉐도우 만들기 영상.mp4

2 아이콘 변환

첫 번째, 롱 쉐도우 작업에서 사용할 아이콘은 SVG, EMF 파일 형식으로 준비해야 한다. 아이콘 사이트(flaticon.com 혹은, thenounproject.com)에서 원하는 아이콘을 SVG 파일 형식으로 다운로드 받는다.

두 번째, 오피스 2019 이상의 버전에서는 SVG 파일을 그대로 사용 가능하지만, 하위 버전에서는 SVG 파일의 작업이 어려우므로, EMF 파일로 변환하여 사용해야 한다. 파일 변환 사이트(anyconv.com/ko/)에서 SVG 파일을 EMF 파일로 변환하여 다운로드한다.

세 번째, 이렇게 변환한 EMF 파일을 작업할 파워포인트에 삽입한다. 이 파일에 쉐도우가 나타나게 하거나, 색상을 변경하려면, 그룹 해제가 필요하다. 마우스 오른쪽 버튼을 클릭하여 그룹 해제 작업을 한 번 진행하고, 다시 또 마우스 오른쪽 버튼을 클릭하여 두 번째 그룹 해제 작업을 진행한다. 이렇게 두 번의 그룹 해제를 진행하면 개체별로 분리되는 것을 확인할 수가 있다. 개체별 분리가 되었으면 원하는 부분만 남기고 삭제한다.

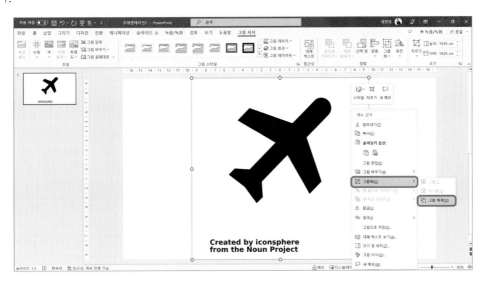

3 **아이콘 롱 쉐도우 작업하기**

슬라이드에 배경이 될 그림을 삽입하고, 앞에서 작업한 EMF 파일을 삽입한다. 원하는 크기로 설정하고 위치를 지정한 다음, 마우스 오른쪽 버튼을 클릭한 후 [도형 서식]을 선택한다. [도형 서식] 옵션 창에서 아이콘의 색상을 흰색으로 변경한다.

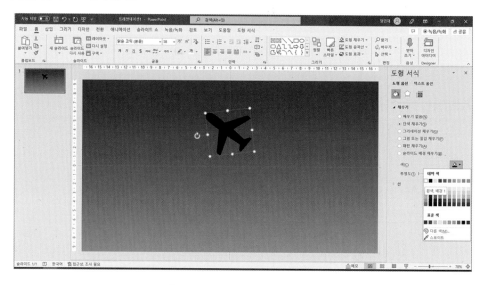

아이콘을 마우스 오른쪽 버튼으로 클릭한 후 [도형 서식]을 선택하고 [도형 서식] 옵션 창에서 [도형 옵션] - [효과] - [3차원 회전] - [미리 설정] - [빗각] - [오블리크 : 왼쪽 아래]를 선택한다(아이콘을 어느 방향으로 회전하느냐에 따라 오블리크 방향 선택이 달라진다).

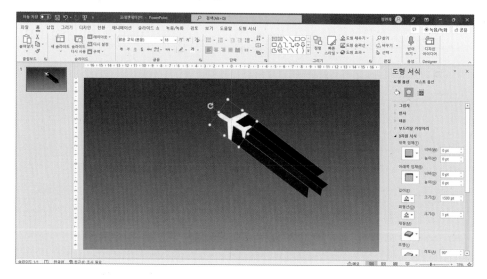

[3차원 서식]-[재질]-[표준/무광택], [조명]-[기타]-[평면], [깊이]-[색], 크기(0~1584), [외형선]의 색, 크기를 설정한다. 예제는 배경색과 쉐도우의 조화를 위해, 스포이트 기능을 사용하여 배경색 중 한 부분으로 색상을 지정했다(깊이 색 : 배경 자주, 깊이 크기 : 1500 / 외형선 색 : 다홍, 크기 : 1).

4 텍스트 롱 쉐도우 작업하기

텍스트 상자를 삽입하고 원하는 폰트와 크기의 내용을 입력한다(에스코어드림 9 black, 크기 120pt, 화이트, 기울임꼴, 문자 간격 매우 좁게, 가운데 맞춤, 텍스트 상자 기울임).

텍스트 상자를 마우스 오른쪽 버튼으로 클릭한 후 [도형 서식]을 선택하여 [도형 서식] 옵션 창이 나타나면 [텍스트 옵션]-[텍스트 효과]를 클릭한다. [3차원 회전]-[미리 설정]-[빗각]-[오블리크 : 오른쪽 아래]를 선택한다.

[3차원 서식]-[재질]-[표준/무광택], [조명]-[기타]-[평면], [깊이]-[색], 크기(0~1584), [외형선]의 색, 크기를 설정한다. 예제는 배경색과 쉐도우의 조화를 위해 스포이트 기능을 사용하여 배경색 중 한부분으로 색상을 지정했다(깊이 색 : 배경 네이비, 깊이 크기 : 1500 / 외형 선색 : 배경 연분홍, 크기 : 1).

설정해 놓은 서식을 유지하며, 원하는 배경과 색으로 변경하여 조화롭게 사용할 수 있다. [3차원 회전]-[빗각]에서 방향을 원하는 대로 설정할 수 있고, 재질과 조명을 변경하여 원하는 분위기를 만들 수 있다.

텍스트 상자와 아이콘은 [애니메이션] – [닦아내기] – [오른쪽에서]로 설정한다. 애니메이션 시작 설정은 아이콘(이전 효과와 함께), 텍스트(이전 효과 다음에)로 설정하여 순차적으로 재생되도록 한다.

이렇게 완성이 된 결과물을 위치와 각도를 변형하여 사용할 수 있다.

개체	애니메이션	트리거	효과 옵션
아이콘	[나타나기] – [닦아내기]	이전 효과와 함께	
텍스트	[나타나기] – [닦아내기]	이전 효과 다음에 시작	[텍스트 애니메이션] – [문자 단위로] [문자 사이 지연] – [10%]

4-17 목업 줌인 콤보 (mock up Zoom In Combo)

본 기술을 위해서 사용한 파워포인트 기본기는 2가지다.

이미지 자르기		레이어 마스크		GIF 만들기
영상 자르기		도형 색 및 테두리		표
이미지 편집		도형 병합		차트
텍스트 강조	✔	**애니메이션**		전환
음악 자르기		스포이트 기능		음악 설정
위키미디어 커먼즈	✔	**글꼴 설치**		아이콘 사냥하기

목업(mock up) 이미지를 만들어 메시지를 보이게 하는 방법이다. 목업에 관한 내용은 '2-12. 무료 목업 사이트 이용하기'를 참고하자.

1 작업 소스

	출처
글꼴	• 네이버 나눔스퀘어(bit.ly/2nviCKu)
이미지	• 연필(bit.ly/3Z3bGna)
완성 파일(PPT)	• PART 04 〉 04-17 목업 줌인 콤보 영상.pptx
완성 파일(MP4)	• PART 04 〉 04-17 목업 줌인 콤보 영상.mp4

다운받은 이미지를 슬라이드에 삽입하고, 텍스트 상자에 메시지를 작성한다. 이렇게 작성한 후 [Ctrl]을 누른 상태로 배경이 되는 이미지와 텍스트 상자를 선택하고 마우스 오른쪽 버튼을 클릭한 후 [그룹]을 선택하여 그룹화한다.

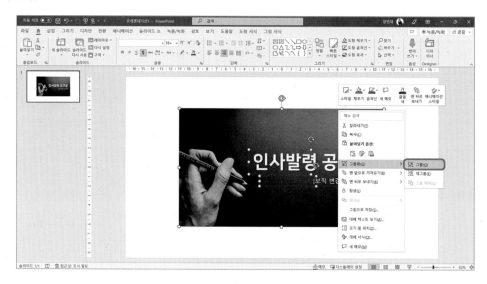

개별적인 이미지와 텍스트가 아닌, 그룹화된 이미지를 그림으로 저장한다. 그림으로 저장할 때 아래의 그림과 같이 파일 형식은 'JPEG 파일 교환 형식'으로 설정한다.

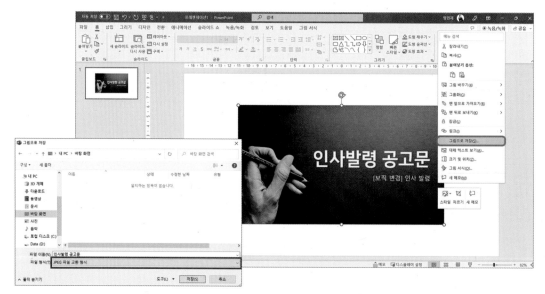

'mockdrop.io' 사이트에 접속하여 앞에서 작업한 1차 이미지와 어울리는 이미지(bitly.ws/JVDu)를 찾아 선택한다.

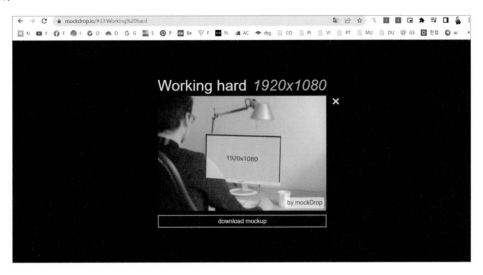

위와 같이 마우스로 이미지 속의 화면을 클릭하여 내 컴퓨터에 저장되어 있는 1차 이미지를 삽입하고, [Download mockup]을 클릭하면 아래의 완성된 이미지가 내 컴퓨터에 다운로드되는 것을 확인할 수 있다.

완성된 이미지에 [애니메이션] 탭 - [애니메이션] 그룹 - [강조] - [크게/작게], [효과 옵션] - [방향] - [모두], [양] - [크게]로 설정한다. 이렇게 애니메이션을 설정하면, 줌인 효과를 표현할 수 있다.

4-18 GIF 애니메이션 콤보

본 기술을 위해서 사용한 파워포인트 기본기는 2가지다.

이미지 자르기		레이어 마스크		GIF 만들기
영상 자르기		도형 색 및 테두리		표
이미지 편집		도형 병합		차트
텍스트 강조	✔	**애니메이션**		전환
음악 자르기		스포이트 기능		음악 설정
위키미디어 커먼즈	✔	**글꼴 설치**		아이콘 사냥하기

움직이는 GIF 파일을 이용한 애니메이션이다. 말하려는 내용과 적합한 GIF 파일을 구하고 텍스트에 적당한 애니메이션을 적용하면 간단하게 만들 수 있다. 완성 파일을 이용하여 함께 만들어 보자.

1 작업 소스

	출처
글꼴	• 네이버 나눔스퀘어(bit.ly/2nviCKu)
이미지	• 유튜브 GIF(bit.ly/3FFuamH)
완성 파일(PPT)	• PART 04 〉 04-18 GIF 애니메이션 콤보 영상.pptx
완성 파일(MP4)	• PART 04 〉 04-18 GIF 애니메이션 콤보 영상.mp4

슬라이드에 GIF 파일을 삽입하고, 텍스트 상자를 이용하여 메시지를 입력한다. 텍스트 상자를 선택하고 [애니메이션] 탭 – [애니메이션] 그룹 – [나타내기] – [날아오기], [효과 옵션] – [오른쪽에서], [하나의 개체로]로 설정한다. 애니메이션 시작은 [이전 효과와 함께]로 설정한다.

GIF 파일은 재생을 반복하게 되므로 특별한 작업 없이, 위의 이미지와 아랫줄의 텍스트가 어우러져서 재생되는 것을 확인할 수 있다.

:: **TIP** ::

구글에는 수많은 GIF 파일이 있다. 검색어 '.GiF'로 검색해 보면 재미있는 GIF 파일을 발견할 수 있는데 [이미지] – [도구] – [사용권] – [크리에이티브 커먼즈 라이선스]를 클릭한 후 출처를 밝히고 사용하는 것이 안전하다.

4-19 복합 애니메이션 01

본 기술을 위해서 사용한 파워포인트 기본기는 2가지다.

이미지 자르기		레이어 마스크		GIF 만들기	
영상 자르기		도형 색 및 테두리		표	
이미지 편집		도형 병합		차트	
텍스트 강조	✔	**애니메이션**		전환	
음악 자르기		스포이트 기능		음악 설정	
위키미디어 커먼즈	✔	**글꼴 설치**		아이콘 사냥하기	

배경이 되는 이미지에 두 가지 애니메이션을 합성하고 텍스트를 동시에 움직이는 복합 애니메이션 방식이다. 복합 애니메이션을 사용하면 지금까지 보지 못한 독특한 움직임을 표현할 수 있다. 배경이 되는 이미지는 영상처럼 움직이게 되어 힙한 느낌을 주게 된다. 완성 파일을 이용하여 함께 만들어 보자.

1 작업 소스

	출처
글꼴	• 네이버 나눔스퀘어(bit.ly/2nviCKu)
이미지	• 바이러스(bit.ly/3Tzci2Q)
완성 파일(PPT)	• PART 04 〉 04 – 19 복합 애니메이션 영상.pptx
완성 파일(MP4)	• PART 04 〉 04 – 19 복합 애니메이션 영상.mp4

2 이미지 작업

다운로드 받은 이미지를 파워포인트에 삽입하고 크기를 확대한다. 우리가 영상을 만들 때, 슬라이드 쇼 보기에서 보이는 대로 영상이 만들어지는데 아래 그림을 보면 눈금자 부분 안에 들어오는 부분이 화면에 나타나는 것이다. 이번 영상에서는 이미지가 확대되고 움직이는 애니메이션 설정을 하게 될 텐데, 이미지가 움직여도 화면에 비는 공간이 없도록 이미지를 1.5배 정도로 늘려주었다.

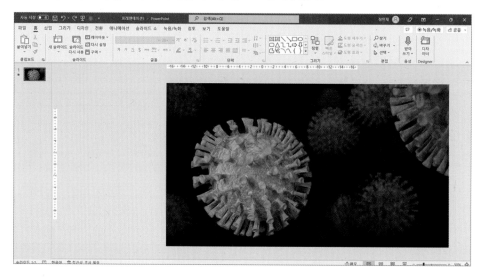

이렇게 이미지의 자리를 잡아주고, 텍스트 상자를 이용하여 메시지를 입력한다.

3 애니메이션 설정

이미지를 선택하고 [애니메이션] 탭-[애니메이션] 그룹-[이동 경로]-[선], [효과 옵션]-[왼쪽]으로 설정한다. 이때 [시작]-[이전 효과와 함께]로 설정한다.

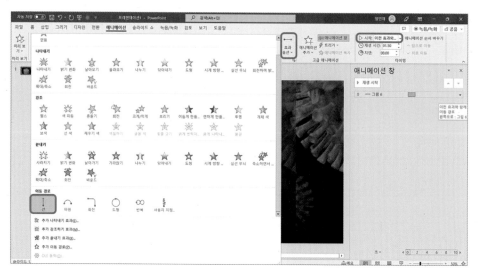

이미지를 다시 선택하고 [애니메이션 추가] – [강조] – [크게/작게], [효과 옵션] – [모두]/[크게], [시작 설정] – [이전 효과와 함께]로 설정한다.

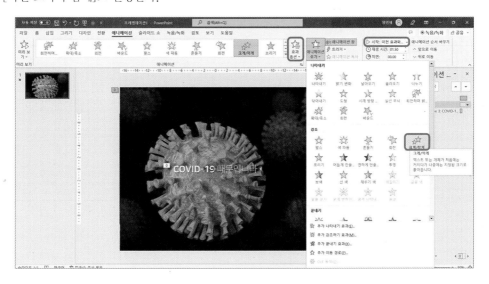

텍스트 상자를 선택하고 [애니메이션] 탭 – [애니메이션] 그룹 – [나타내기] – [밝기 변화], [시작] – [이전 효과와 함께]로 설정하면 모두 완료된다.

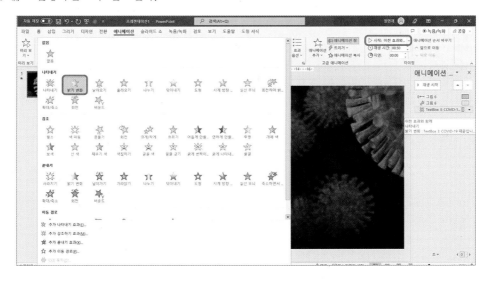

개체	애니메이션	트리거	효과 옵션
이미지	[이동 경로] – [선]	이전 효과와 함께	왼쪽
	[강조] – [크게 작게]	이전 효과와 함께	
텍스트1	[나타나기] – [밝기 변화]	이전 효과와 함께	

4-20 복합 애니메이션 02

본 기술을 위해서 사용한 파워포인트 기본기는 3가지다.

이미지 자르기	✔	레이어 마스크		GIF 만들기
영상 자르기		도형 색 및 테두리		표
이미지 편집		도형 병합		차트
텍스트 강조	✔	애니메이션		전환
음악 자르기		스포이트 기능		음악 설정
위키미디어 커먼즈	✔	글꼴 설치		아이콘 사냥하기

배경이 되는 이미지와 로고의 움직임을 한꺼번에 가져오는 복합 애니메이션 방식으로, 세련되고 빠른 영상을 구사할 때 사용한다. 하나의 이미지와 3개 로고를 이용해서 빠르게 만들어 보자.

1 작업 소스

출처	
글꼴	• 네이버 나눔스퀘어(bit.ly/2nviCKu)
이미지	• 타임라인(bit.ly/3lxY5qb) • 프리미어 프로 로고(bit.ly/3FO8IMv) • 소니 베가스 로고(bit.ly/3G7wQKr) • 파이널컷 로고(bitly.ws/JVNy)
완성 파일(PPT)	• PART 04 〉 04 – 20 복합 애니메이션2 영상.pptx
완성 파일(MP4)	• PART 04 〉 04 – 20 복합 애니메이션2 영상.mp4

2

애니메이션 설정

이미지를 삽입하고 확대, 이동을 고려하여 크기와 위치를 조정한다. 이미지를 선택하고 [애니메이션] 탭 – [애니메이션] 그룹 – [강조] – [크게 작게], [효과 옵션] – [모두], [크게]로 설정하고, [시작] – [이전 효과와 함께]로 설정한다.

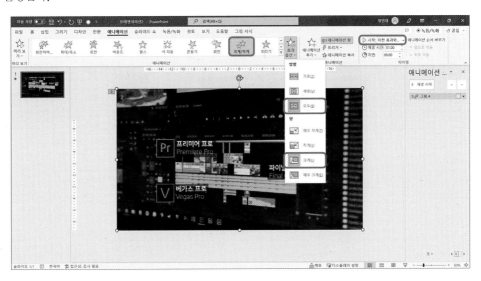

[애니메이션 추가]를 클릭하고 [이동] – [선], [효과 옵션] – [아래쪽], [잠금 해제], [시작] – [이전 효과와 함께]로 설정한다.

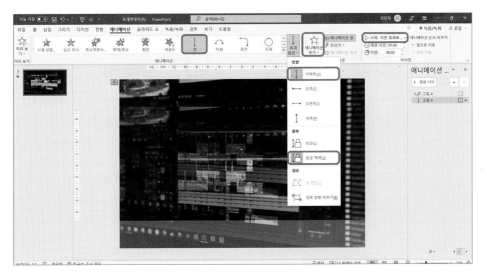

로고 이미지와 텍스트 상자를 삽입하고 배열한다. 각 부분을 그룹 설정하고 애니메이션을 설정한다.

● 그룹 1

'Pr 프리미어 프로'에는 [애니메이션] 그룹 – [나타내기] – [날아오기], [효과 옵션] – [왼쪽에서], [시작] – [이전 효과와 함께], [지연] : '00.00'

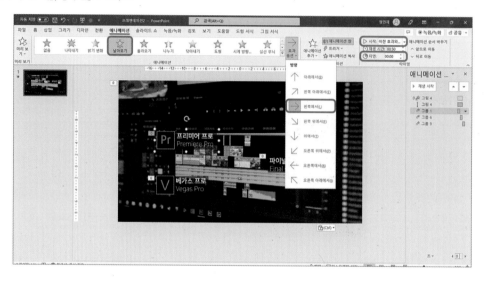

● 그룹 2

'파이널 컷'에는 [애니메이션] 그룹 – [나타내기] – [날아오기], [효과 옵션] – [오른쪽에서], [시작] – [이전 효과와 함께], [지연] : '00.50'

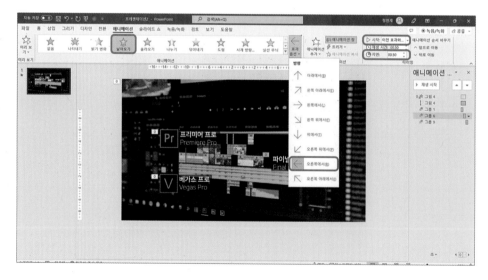

● 그룹 3

'베가스 프로'에는 [애니메이션] 그룹 – [나타내기] – [날아오기], [효과 옵션] – [왼쪽에서], [시작] – [이전 효과와 함께], [지연] : '01.00'

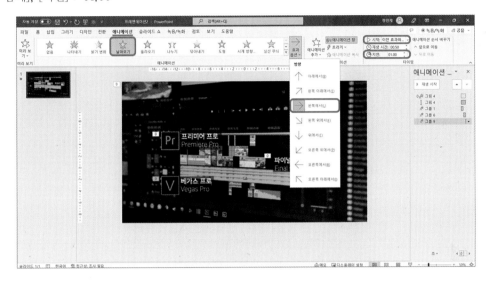

기본적인 설정을 마치고 슬라이드 쇼 보기로 확인한 후 원하는 대로 시간이나 애니메이션을 조정한다.

4-21 아이콘, 전환, 도형 병합, 핀 조명 효과 콤보

본 기술을 위해서 사용한 파워포인트 기본기는 6가지다.

	이미지 자르기		레이어 마스크		GIF 만들기
	영상 자르기		도형 색 및 테두리		표
✔	**이미지 편집**	✔	**도형 병합**		차트
	텍스트 강조	✔	**애니메이션**	✔	**전환**
	음악 자르기		스포이트 기능		음악 설정
	위키미디어 커먼즈	✔	**글꼴 설치**	✔	**아이콘 사냥하기**

이미지와 아이콘으로 메시지를 만들고 도형 병합으로 핀 조명 같은 효과를 만들었다. 마지막으로 전환 효과로 연결을 만들어 하나의 이야기를 만드는 방식이다. 여러 가지 기술이 사용되는 만큼 차근차근 함께해 보자.

1 작업 소스

출처	
글꼴	• 네이버 나눔스퀘어(bit.ly/2nviCKu)
이미지	• bit.ly/42AHi6s / • bit.ly/3z0aOVH / • bit.ly/3ZoSYGZ • bit.ly/3JDoWt9 / • bit.ly/3z04a1R / • bit.ly/40s0n99 • bit.ly/3ngTZmM
아이콘	• bit.ly/3oR4w9K / • bit.ly/3z0UfJo / • bit.ly/3LKLFpJ • bit.ly/3nhWRQE / • bit.ly/3FKE9HC / • bit.ly/4088gRt • bit.ly/3ziyZ25 / • bit.ly/42xmNYm / • bit.ly/3Z5ULjP
음악	• Wayne Jones - Retro(bit.ly/3TBusAU)

완성 파일(PPT)	• PART 04 〉 04 – 21 아이콘, 전환, 도형 병합 핀 조명 효과 콤보 영상.pptx
완성 파일(MP4)	• PART 04 〉 04 – 21 아이콘, 전환, 도형 병합 핀 조명 효과 콤보 영상.mp4

2 이미지 작업

다운로드한 후 이미지를 슬라이드에 삽입하고 [그림 서식] 탭 – [배경 제거]로 들어가서 보관할 영역과 제거할 영역을 표시하면서, 원하는 피사체만 남긴 후 변경 내용을 저장한다. 나머지 6장의 이미지도 같은 방법으로 배경을 제거한다.

3

도형 병합

슬라이드를 모두 가릴 크기의 검은색 도형을 삽입하고, 원을 삽입하여 우측 상단에 배치한다(이때 원의 크기과 위치는 슬라이드에 위의 이미지를 배치했을 때, 얼굴을 가릴 정도의 크기와 위치로 한다). 검은색 도형을 선택하고 Ctrl을 누른 상태로 원을 선택한다. [도형 서식] 탭-[도형 삽입] 그룹-[도형 병합]-[빼기]를 클릭하면 검은색 도형에서 원만큼 빼진 것을 확인할 수 있다.

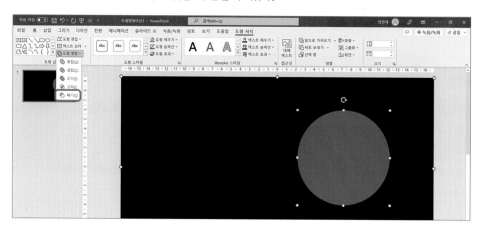

같은 방법으로 좌측 상단의 원형 구멍이 빠진 슬라이드도 만든다.

4 **텍스트 입력 및 애니메이션 설정**

텍스트를 입력하고 [애니메이션] 그룹-[밝기 변화]를 적용한다. [애니메이션 창]을 열고 애니메이션 목록을 마우스 오른쪽 버튼을 클릭한 후 [효과 옵션]-[텍스트 애니메이션]-[문자 단위]로 설정한다. [전환] 탭-[밝기 변화], 우측 상단의 [화면 전환]-[다음 시간 후 : 00:20.00]으로 설정한다.

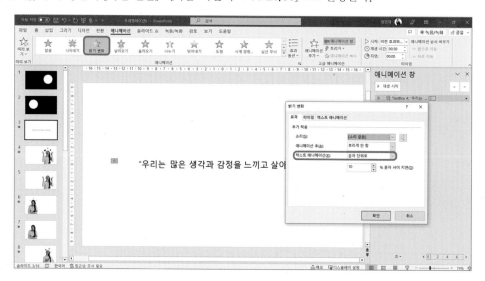

첫 번째 슬라이드에서 배경을 제거한 이미지를 준비한다. 같은 이미지를 두 장씩 순서대로 슬라이드에 삽입한다. 두 장 중 첫 번째 이미지에 어울리는 아이콘을 배열하고, [전환] 탭 - [밝기 변화], [화면 전환] - [다음 시간 후 : 00:01.00]로 설정한다.

두 번째 이미지에는 앞선 '도형 병합'에서 만들어 둔 레이어를 배열하고 텍스트를 입력한다. [전환] 탭 - [없음], [화면 전환] - [다음 시간 후 : 00:02.00]으로 설정하고, 텍스트 상자에 [애니메이션] 그룹 - [밝기 변화], [이전 효과와 함께], 검은색 레이어에 [애니메이션] 그룹 - [밝기 변화], [이전 효과 다음]으로 설정한다.

나머지 이미지도 차례에 맞게 배열하고, 애니메이션, 전환 효과를 앞선 내용과 같이 설정한다.

각각의 이미지 배열과 애니메이션 전환 효과가 설정되고 나면 마지막 장에 텍스트 상자를 삽입하고 메시지를 입력한다. [전환] 탭 - [밝기 변화], [화면 전환] - [다음 시간 후 : 00:02.00], 텍스트는 [애니메이션] 그룹 - [밝기 변화], [시작] - [이전 효과와 함께]로 설정한다.

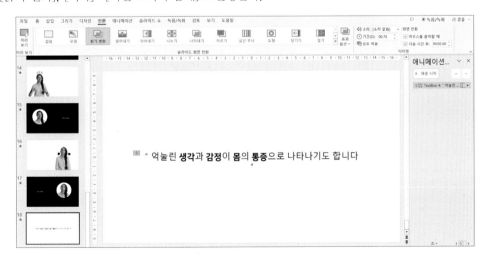

페이지	개체	애니메이션	트리거	효과 옵션
1페이지	음악	[미디어] – [재생]	이전 효과와 함께	모든 슬라이드 재생 쇼 동안 숨기기
	텍스트	[나타나기] – [밝기 변화]	이전 효과와 함께	
	[전환] 탭 – [슬라이드 화면 변화] 그룹 – [밝기 변화]			다음 시간 후 [2초]
2페이지	[전환] 탭 – [슬라이드 화면 변화] 그룹 – [밝기 변화]			다음 시간 후 [1초]
3페이지	도형	[나타나기] – [밝기 변화]	이전 효과와 함께	
	[전환] – [없음]			다음 시간 후 [2초]
4페이지	[전환] 탭 – [슬라이드 화면 변화] 그룹 – [밝기 변화]			다음 시간 후 [1초]
5페이지	텍스트	[나타나기] – [밝기 변화]	이전 효과와 함께	
	도형	[나타나기] – [밝기 변화]	이전 효과 다음에	
	[전환] – [없음]			다음 시간 후 [2초]
6페이지	[전환] 탭 – [슬라이드 화면 변화] 그룹 – [밝기 변화]			다음 시간 후 [1초]
7페이지	텍스트	[나타나기] – [밝기 변화]	이전 효과와 함께	
	도형	[나타나기] – [밝기 변화]	이전 효과 다음에	
	[전환] – [없음]			다음 시간 후 [2초]
8페이지	[전환] 탭 – [슬라이드 화면 변화] 그룹 – [밝기 변화]			다음 시간 후 [1초]
9페이지	텍스트	[나타나기] – [밝기 변화]	이전 효과와 함께	
	도형	[나타나기] – [밝기 변화]	이전 효과 다음에	
	[전환] – [없음]			다음 시간 후 [2초]
10페이지	[전환] 탭 – [슬라이드 화면 변화] 그룹 – [밝기 변화]			다음 시간 후 [1초]
11페이지	텍스트	[나타나기] – [밝기 변화]	이전 효과와 함께	
	도형	[나타나기] – [밝기 변화]	이전 효과 다음에	
	[전환] – [없음]			다음 시간 후 [2초]
12페이지	[전환] 탭 – [슬라이드 화면 변화] 그룹 – [밝기 변화]			다음 시간 후 [1초]
13페이지	텍스트	[나타나기] – [밝기 변화]	이전 효과와 함께	
	도형	[나타나기] – [밝기 변화]	이전 효과 다음에	
	[전환] – [없음]			다음 시간 후 [2초]
14페이지	[전환] 탭 – [슬라이드 화면 변화] 그룹 – [밝기 변화]			다음 시간 후 [1초]
15페이지	텍스트	[나타나기] – [밝기 변화]	이전 효과와 함께	
	도형	[나타나기] – [밝기 변화]	이전 효과 다음에	
	[전환 – [없음]			다음 시간 후 [2초]
16페이지	텍스트	[나타나기] – [밝기 변화]	이전 효과와 함께	[텍스트 애니메이션] – [문자 단위로]
	[전환] – [없음]			다음 시간 후 [2초]

4-22 영상 3콤보

본 기술을 위해서 사용한 파워포인트 기본기는 4가지다.

	이미지 자르기		레이어 마스크		GIF 만들기
✔	**영상 자르기**		도형 색 및 테두리		표
	이미지 편집		도형 병합		차트
	텍스트 강조	✔	**애니메이션**	✔	**전환**
	음악 자르기		스포이트 기능		음악 설정
	위키미디어 커먼즈	✔	**글꼴 설치**		아이콘 사냥하기

3개의 영상이 연속해서 한 번에 나오게 하는 방식이다. 여러 영상이 같이 재생되다 보니 페이지가 마무리될 때 동시에 끝나야 하는 방식이라 설정이 약간 복잡하다. 그러나 차근차근 함께해 보면 가능하다.

1 작업 소스

	출처
글꼴	• 네이버 나눔스퀘어(bit.ly/2nviCKu)
영상	• bit.ly/3FMAp8C • bit.ly/3FLGh1T • bit.ly/3FMoreZ
음악	• Ehrling – You And Me(bit.ly/3LKadyZ)
완성 파일(PPT)	• PART 04 〉 04-22 영상 3콤보.pptx
완성 파일(MP4)	• PART 04 〉 04-22 영상 3콤보.mp4

영상을 슬라이드의 크기에 맞추고 [비디오 형식] 탭 - [크기] 그룹 - [자르기]를 클릭한 후 드래그하여 슬라이드의 1/3을 채울 정도로(너비 11.3cm 내외) 자른다.

이렇게 자른 영상을 좌측에 놓고 [재생] 탭 - [시작 : 자동 실행], [비디오 트리밍] 대화상자를 열고 [시작 시간] : '00:01', [종료 시간] : '00:08'로 설정한다. 텍스트 상자를 삽입하여 텍스트를 입력하고 배치한다.

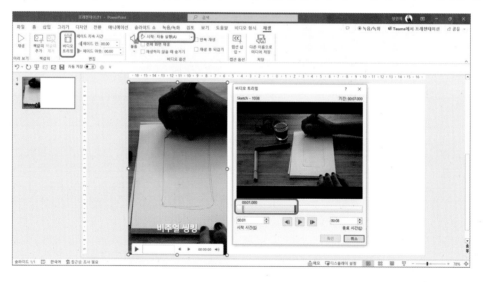

두 번째 영상도 크기를 맞춰서 자른 다음 첫 번째 영상 옆에 붙이고, [재생] 탭-[시작 : 자동 실행], [비디오 트리밍] 대화상자에서 [종료 시간] : '00:06.50'으로 설정한다. 텍스트 상자를 삽입하여 텍스트를 입력하고 배치한다.

세 번째 영상도 마찬가지로 앞선 방법들과 동일하게 자르고 위치를 잡아준 다음 [재생] 탭-[시작 : 자동 실행], [비디오 트리밍] 대화상자에서 [시작 시간] : '00:00.00', [종료 시간] : '00:00.05'로 설정한다. 텍스트 상자를 이용하여 텍스트를 입력하고 배치한다.

3 애니메이션 설정

위의 설정으로는 슬라이드가 실행되면 한꺼번에 영상이 재생되는데, 영상 하나하나가 순차적으로 오른쪽에서 날아오며 재생되고, 텍스트 상자도 순차적으로 나오게 하기 위해서 각각의 개체에 애니메이션 추가해야 한다. 아래의 표와 그림을 참고하여 설정한다.

각 개체를 선택하고 [애니메이션 추가]를 클릭한 후 설정하고 영상의 재생에는 지연 시간만 수정한다.

개체	애니메이션	트리거	효과 옵션
[전환] 탭-[슬라이드 화면 전환] 그룹-[덮기]			오른쪽에서
음악	[미디어]-[재생]	이전 효과 다음에	
첫 번째 영상	[나타나기]-[날아오기]	이전 효과와 함께	오른쪽에서
	[미디어]-[재생]	이전 효과와 함께	[지연]-[0.5초]
텍스트 : 비주얼 씽킹	[나타나기]-[밝기 변화]	이전 효과와 함께	[지연]-[0.75초]

두 번째 영상	[나타나기]–[날아오기]	이전 효과와 함께	[지연]–[1.25초]
	[미디어]–[재생]	이전 효과와 함께	[지연]–[1.75초]
텍스트 : 벤치마킹	[나타나기]–[밝기 변화]	이전 효과와 함께	[지연]–[2초]
세 번째 영상	[나타나기]–[날아오기]	이전 효과와 함께	[지연]–[2.5초]
	[미디어]–[재생]	이전 효과와 함께	[지연]–[3초]
텍스트 : 이미지 소스	[나타나기]–[밝기 변화]	이전 효과와 함께	[지연]–[3.25초]

4-23 영상 자르기와 텍스트 콤보

본 기술을 위해서 사용한 파워포인트 기본기는 4가지다.

	이미지 자르기		레이어 마스크		GIF 만들기
✔	**영상 자르기**		도형 색 및 테두리		표
	이미지 편집		도형 병합		차트
	텍스트 강조	✔	**애니메이션**	✔	**전환**
	음악 자르기		스포이트 기능		음악 설정
	위키미디어 커먼즈	✔	**글꼴 설치**		아이콘 사냥하기

영상의 모양을 도형처럼 변경하고 도형과 텍스트를 이용하여 메시지를 만들어 내는 방식이다. 세로 모드로 영상을 촬영했거나 세로 모드 소스를 사용한다면 더욱 효과적인 방법이라 할 수 있다. 완성 파일을 이용하여 함께 만들어 보자.

1 작업 소스

	출처
글꼴	• 네이버 나눔스퀘어(bit.ly/2nviCKu)
영상	• bit.ly/3Z7Y6yT • bit.ly/3TAHqyM • bit.ly/3JEHvgh
음악	• MBB – Feel Good (Vlog No Copyright Music)(bit.ly/2D3mzLU)
완성 파일(PPT)	• PART 04 〉 04-23 영상 자르기와 텍스트 콤보.pptx
완성 파일(MP4)	• PART 04 〉 04-23 영상 자르기와 텍스트 콤보.mp4

그림과 같이 평행 사변형 도형과 영상을 삽입한다. 영상 삽입 후 [비디오 형식] 탭-[비디오 스타일] 그룹-
[비디오 셰이프]-[평행 사변형]으로 자른다.

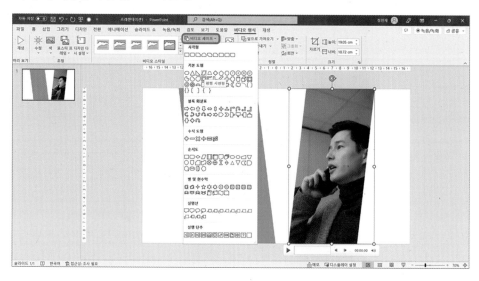

편집된 도형과 영상을 겹쳐 놓고 텍스트 상자를 이용하여 텍스트를 입력한다.

영상을 선택하고 [재생] - [자동 실행]으로 설정한 후 [애니메이션 추가]를 클릭한다. [닦아내기] - [위에서 아래]로 설정한다. 영상 뒤에 있는 도형을 선택하고 [닦아내기] - [아래에서 위로]로 설정한다. [재생 시작]은 [이전 효과와 함께]로 설정한다.

메시지를 드래그하여 선택하고 [애니메이션] - [밝기 변화]로 설정하고 [시작] - [이전 효과와 함께], [지연] : '01:00'로 설정한다. [밝기 변화] 대화상자를 열어 [텍스트 애니메이션]은 '문자 단위로', [문자 사이 지연]은 '10%'로 설정한다.

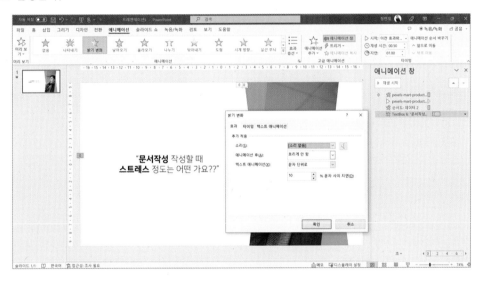

두 번째 슬라이드 역시 도형과 영상을 배열하여 작성하고, 영상과 도형에 위와 같은 방법으로 애니메이션을 설정한다. 메시지를 드래그하여 선택하고 [애니메이션] - [날아오기], [효과 옵션] - [오른쪽에서], [바운드 종료]는 '0.35초'로 설정하고, [텍스트 애니메이션]은 '문자 단위로', [문자 사이 지연]은 '10%'로 설정한다.

세 번째 슬라이드는 첫 번째 슬라이드와 모든 것이 동일하다.

페이지	개체	애니메이션	트리거	효과 옵션
1페이지	음악	[미디어]-[재생]	이전 효과와 함께	모든 슬라이드 재생 쇼 동안 숨기기
	영상	[나타나기]-[닦아내기]	이전 효과와 함께	
		[미디어]-[재생]	이전 효과와 함께	
	도형	[나타나기]-[닦아내기]	이전 효과와 함께	
	텍스트	[나타나기]-[밝기 변화]	이전 효과와 함께	[지연]-[1초] [텍스트 애니메이션]-[문자 단위로] [문자 사이 지연]-[10%]
	[전환] 탭-[슬라이드 화면 전환] 그룹-[없음]			다음 시간 후 [3.5초]
2페이지	영상	[나타나기]-[닦아내기]	이전 효과와 함께	
		[미디어]-[재생]	이전 효과와 함께	
	도형	[나타나기]-[닦아내기]	이전 효과와 함께	
	텍스트	[나타나기]-[날아오기]	이전 효과와 함께	[지연]-[1초] [텍스트 애니메이션]-[문자 단위로] [설정]-[바운드 종료]-[0.35초] [방향]-[오른쪽에서]
	[전환] 탭-[슬라이드 화면 전환] 그룹-[없음]			다음 시간 후 [4초]
3페이지	영상	[나타나기]-[닦아내기]	이전 효과와 함께	
		[미디어]-[재생]	이전 효과와 함께	
	도형	[나타나기]-[닦아내기]	이전 효과와 함께	
	텍스트	[나타나기]-[밝기 변화]	이전 효과와 함께	[지연]-[1초] [텍스트 애니메이션]-[문자 단위로] [문자 사이 지연]-[10%]
	[전환] 탭-[슬라이드 화면 전환] 그룹-[없음]			다음 시간 후 [4초]

4-24 영상 차트 콤보

본 기술을 위해서 사용한 파워포인트 기본기는 4가지다.

	이미지 자르기		레이어 마스크		GIF 만들기
✔	**영상 자르기**		도형 색 및 테두리		표
	이미지 편집		도형 병합	✔	**차트**
	텍스트 강조	✔	**애니메이션**		전환
	음악 자르기		스포이트 기능		음악 설정
	위키미디어 커먼즈	✔	**글꼴 설치**		아이콘 사냥하기

이번에는 파워포인트의 가장 큰 순기능인 차트를 이용하는 방식을 알아본다. 차트를 만들 때 가장 중요한 것은 필요한 부분만 남겨두고 대부분을 삭제하는 것이다. 우리가 흔히 쓰는 보고서, 기획서에 '차트'라는 개념을 내려놓고 단순화된 차트를 만드는 것이 가장 큰 미덕이라고 할 수 있다. 완성 파일을 이용하여 함께 만들어 보자.

1 작업 소스

출처	
글꼴	• 네이버 나눔스퀘어(bit.ly/2nviCKu)
영상	• 노트북(bit.ly/40a0N4a)
완성 파일(PPT)	• PART 04 〉 04 – 24 영상 차트 콤보.pptx
완성 파일(MP4)	• PART 04 〉 04 – 24 영상 차트 콤보.mp4

차트 작업은 크게 3가지로 나뉜다.

❶ 데이터 변경 / ❷ 불필요한 요소 제거 / ❸ 차트 꾸미기

2 데이터 변경

가로 막대 차트를 삽입하기 위해 [삽입] 탭 – [일러스트레이션] 그룹 – [차트] – [가로 막대형] – [묶은 가로 막대형]을 클릭한다. [차트 삽입] 대화상자에서 '계열 2, 3'은 삭제하고 계열 값을 아래와 같이 변경한다. 마지막으로 [Y축]을 마우스 오른쪽 버튼으로 클릭한 후 [축 서식]을 선택한다. [축 옵션] – [항목을 거꾸로]를 클릭한다.

'항목' 변경 전	변경 후	'계열1' 변경 전	변경 후
항목 1	사원	4.5	2
항목 2	대리	3.5	4
항목 3	과장	2.5	8
항목 4	차부장	4.3	4.5

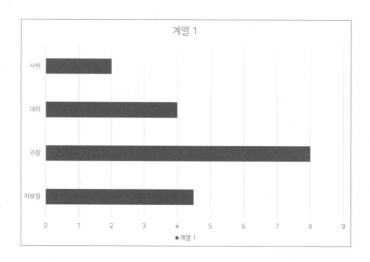

지금부터는 차트에서 필요한 부분만 남기고 모두 제거한다. 삭제 항목은 [범례], [차트 제목], [가로 축], [주눈금]이다. 이런 과정으로 아래와 같은 결과물을 볼 수 있다.

4 차트 꾸미기

먼저 항목부터 변경해 주자. [세로 축]을 선택하고 텍스트 크기는 '20pt', [글꼴]은 '나눔스퀘어 ExtraBold'이다. 두 번째로 가로로 놓여진 차트 바(bar)를 선택하자. 한 번 클릭하면 모두 설정되며 다시 한번 클릭하면 해당하는 차트 바(bar) 하나만 설정이 가능하다. 선택하며 [채우기]–[단색 채우기]–[색]–[다른 색]–[사용자 지정]에서 색을 변경한다. 차트의 회색 색상 값은 'RGB 166,166,166, Hex Code #A6A6A6'이며 파란 색상 값은 'RGB 19,176,247, Hex Code #13B0F7'이다. 이 과정을 거치면 아래와 같은 값이 나온다.

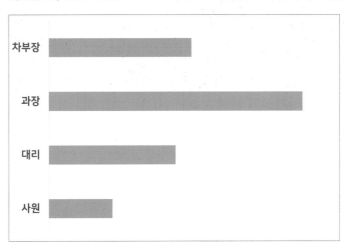

텍스트는 네이버 나눔스퀘어 글꼴의 굵은 폰트와 얇은 폰트를 이용하여 작성한다.

해당 예제는 두 개의 레이어가 앞뒤를 이루며 이루어진다. 따라서 영상은 뒤에 차트와 텍스트 앞에 나오도록 배치한다. 그리고 뒤 영상이 검은색이므로 차트의 텍스트를 흰색을 바꿔주자.

	애니메이션	트리거	효과 옵션
영상	[미디어]-[재생]	이전 효과와 함께	
차트	[나타나기]-[닦아내기]	이전 효과와 함께	[방향]-[왼쪽에서] [시퀀스]-[항목별로]
텍스트	[나타나기]-[밝기 변화]	이전 효과와 함께	[재생 시간]-[0.5초] [지연]-[2.5초]

4-25 영상, 변화 레이어 마스크 콤보

본 기술을 위해서 사용한 파워포인트 기본기는 4가지다.

	이미지 자르기	✔	**레이어 마스크**		GIF 만들기
✔	**영상 자르기**		도형 색 및 테두리		표
	이미지 편집		도형 병합		차트
	텍스트 강조	✔	**애니메이션**		전환
	음악 자르기		스포이트 기능		음악 설정
	위키미디어 커먼즈	✔	**글꼴 설치**		아이콘 사냥하기

영상을 재생하고 레이어 마스크를 변화시키면서 동시에 텍스트를 이동시키는 방법이다. 모든 개체가 한꺼번에 시작해야 하며 지연 설정을 적절히 하는 것이 가장 중요한 기술이다. 완성 파일과 함께 차근차근 따라해 보자.

1 작업 소스

출처	
글꼴	• 에스코어드림(bit.ly/3LJZh4p)
영상	• 건물 뷰(bit.ly/3LKs5do)
음악	• Sightlines − Jeremy Blake(bit.ly/407DYOx)
완성 파일(PPT)	• PART 04 〉 04−25 영상, 변화 레이어 마스크 콤보.pptx
완성 파일(MP4)	• PART 04 〉 04−25 영상, 변화 레이어 마스크 콤보.mp4

이미지 작업

이번 예제는 한 장표에 여러 가지 애니메이션이 동시다발적으로 진행된다. 아래 이미지처럼 세 장의 레이어를 동시에 배치한다. 영상이 가장 뒤에 그리고, 도형 레이어, 마지막으로 텍스트를 가장 앞에 배치한다. 앞뒤로 배치하는 방법은 이미지를 마우스 오른쪽 버튼으로 클릭하면 [맨 앞으로 가져오기], [맨 뒤로 보내기]로 설정할 수 있다.

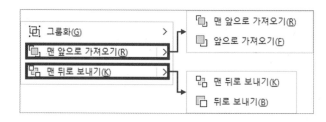

3 **애니메이션 설정**

개체가 한꺼번에 시작해야 하며 지연 설정을 적절히 하는 것이 가장 중요한 기술이다. 여기서 텍스트를 순차적으로 나오게 하기 위해서는 텍스트를 1~3까지 분리한다. 아랫부분의 텍스트는 굵은 폰트와 붉은색으로 처리한다.

개체	애니메이션	트리거	효과 옵션
오디오	[미디어]-[재생]	이전 효과와 함께	
영상	[미디어]-[재생]	이전 효과와 함께	
도형	[끝내기]-[밝기 변화]	이전 효과와 함께	[재생 시간]-[8초]
텍스트1 : 스타트업과 벤처기업의	[나타나기]-[밝기 변화]	이전 효과와 함께	[지연]-[0.9초] [재생 시간]-[2.3초]
텍스트 2 : 시대입니다	[나타나기]-[밝기 변화]	이전 효과와 함께	[지연]-[3.25초] [재생 시간]-[1초]
	[이동 경로]-[선]	이전 효과와 함께	오른쪽으로
텍스트 3 : 1조원 투자	[나타나기]-[밝기 변화]	이전 효과와 함께	[지연]-[4.5초] [재생 시간]-[2.4초]

4-26 전환 효과만으로 만드는 영상

본 기술을 위해서 사용한 파워포인트 기본기는 5가지다.

✔	**이미지 자르기**		레이어 마스크		GIF 만들기
	영상 자르기	✔	**도형 색 및 테두리**		표
✔	**이미지 편집**		도형 병합		차트
	텍스트 강조		애니메이션	✔	**전환**
	음악 자르기		스포이트 기능		음악 설정
	위키미디어 커먼즈	✔	**글꼴 설치**		아이콘 사냥하기

이미지, 텍스트, 도형은 움직임이 없으나 전환 효과만으로 만드는 영상이다. 영상의 메시지와 이미지만 있다면 아주 간단하게 만들 수 있다. 완성 파일과 함께 차근차근 따라해 보자.

1 작업 소스

출처	
글꼴	• HS굴토끼체(bit.ly/3zOPcsw)
이미지	• 전구(bit.ly/3JYdXMa) • 노란종이(bit.ly/3Za8Mx3) • 휴지통(bit.ly/3Z92Ggg)
음악	• bensound – smallguitar(bitly.ws/JX7L)
완성 파일(PPT)	• PART 04 〉04 – 26 전환 효과만으로 만드는 영상.pptx
완성 파일(MP4)	• PART 04 〉04 – 26 전환 효과만으로 만드는 영상.mp4

첫 번째 페이지의 전구 이미지는 리무브(remove.bg)에서 배경을 제거한다. 이후 검은색 바탕에 전구를 배치한다. 텍스트도 중간으로 입력한다.

두 번째 페이지는 그라데이션 도형을 삽입한다. [삽입] 탭 - [일러스트레이션] 그룹 - [도형] - [타원], 그라데이션은 [도형 서식] 옵션 창에서 [채우기] - [그라데이션 채우기] - [그라데이션 중지점]의 색상을 적용한다. 색상 값은 'RGB 233,170,11, Hex Cade #E9AA0B'이다. 그라데이션의 왼쪽 중지점의 [위치]는 '0%', [투명도]는 '0%'이다. 그라데이션 오른쪽은 [위치]는 '70%', [투명도]는 '100%'이다.

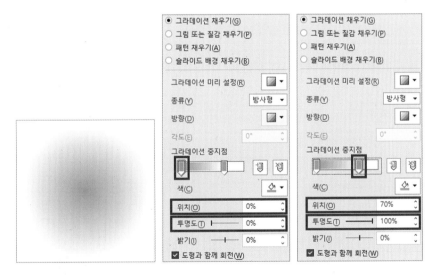

세 번째 페이지는 종이 이미지 위에 전구 이미지를 배치한다.

마지막 페이지는 휴지통 이미지와 텍스트를 배치한다.

3 애니메이션 설정

페이지	전환 효과	효과 옵션
1페이지	[음악]–[미디어]–[재생] / 이전 효과와 함께	모든 슬라이드 재생 쇼 동안 숨기기
	[없음]	
2페이지	[은은한 효과]–[밝기 변화]	다음 시간 후 [1초]
3페이지	[은은한 효과]–[밝기 변화]	다음 시간 후 [2초]
4페이지	[화려한 효과]–[구겨지기]	다음 시간 후 [4초]

4-27 텍스트 모핑

본 기술을 위해서 사용한 파워포인트 기본기는 2가지다.

이미지 자르기		레이어 마스크		GIF 만들기
영상 자르기		도형 색 및 테두리		표
이미지 편집		도형 병합		차트
텍스트 강조		애니메이션	✔	**전환**
음악 자르기		스포이트 기능		음악 설정
위키미디어 커먼즈	✔	**글꼴 설치**		아이콘 사냥하기

모핑은 파워포인트 2019 버전 이상 마이크로소프트 365 버전까지 지원된다. 모핑 전환이 적용된 파일을 파워포인트 2016 버전(16.0.4358.1000) 이상에서만 재생이 가능하다. 상세 설명은 '3-15. 전환 효과'를 참고하자.

텍스트 모핑 기능은 영상에서 전달하려는 이야기를 순차적으로 보여주는 기능이다. 아주 간단한 설정으로 가능하니 함께 따라해 보자.

1 작업 소스

	출처
글꼴	• 네이버 나눔스퀘어(bit.ly/2nviCKu)
색상	• 1페이지 색상 : RGB 255.255.255, #FFFFFF • 2페이지 색상 : RGB 0.112.192, #0070C0 • 3페이지 색상 : RGB 255.192.0, #FFC000 • 4페이지 색상 : RGB 0.0.0, #000000

완성 파일(PPT)	• PART 04 〉 04-27 텍스트 모핑 영상.pptx
완성 파일(MP4)	• PART 04 〉 04-27 텍스트 모핑 영상.mp4

아래와 같이 텍스트를 배치하고 페이지별 색상을 설정하자.

▲ 1페이지   ▲ 2페이지

▲ 3페이지   ▲ 4페이지

2 애니메이션 설정

본 예제는 전환 효과 하나로 끝난다. [전환] 탭-[슬라이드 화면 전환] 그룹-[모핑], [효과 옵션]-[문자], [기간]은 '0.5초', [다음 시간 후]는 '0.5초'로 설정한다.

4-28 이미지 모핑

본 기술을 위해서 사용한 파워포인트 기본기는 3가지다.

	이미지 자르기		레이어 마스크		GIF 만들기
	영상 자르기		도형 색 및 테두리		표
✔	**이미지 편집**		도형 병합		차트
	텍스트 강조		애니메이션	✔	**전환**
	음악 자르기		스포이트 기능		음악 설정
	위키미디어 커먼즈	✔	**글꼴 설치**		아이콘 사냥하기

모핑은 파워포인트 2019 버전 이상 마이크로소프트 365 버전까지 지원된다. 모핑 전환이 적용된 파일을 파워포인트 2016 버전(16.0.4358.1000) 이상에서만 재생이 가능하다. 상세 설명은 '3-15. 애니메이션과 전환 효과'를 참고하자. 영상의 메시지와 이미지만 있다면 아주 간단하게 만들 수 있다. 완성 파일과 함께해 보자.

1 작업 소스

	출처
글꼴	• 네이버 나눔스퀘어(bit.ly/2nviCKu) • 네이버 나눔 손글씨 붓(bit.ly/2nviCKu)
이미지	• 노트북(bit.ly/3TE54ud) • 윈도우 10 로고(bit.ly/3LJtP6k) • 파워포인트 로고(bit.ly/40uMAPm) • 스마트폰(bit.ly/40v1MvA)
음악	• Nothing On Me – Patrick Patrikios(bit.ly/3FOmw9N)

완성 파일(PPT)	• PART 04 〉 04-28 이미지 모핑 영상.pptx
완성 파일(MP4)	• PART 04 〉 04-28 이미지 모핑 영상.mp4

2 이미지 작업

이번 예제는 파워포인트 페이지 밖에 개체를 배치해야 한다. 배치하기 위해서는 [Ctrl]을 누른 상태로 마우스 휠을 돌려 페이지를 축소한다. 또는, 오른쪽 하단 확대 축소를 클릭하여 개체를 배치한다.

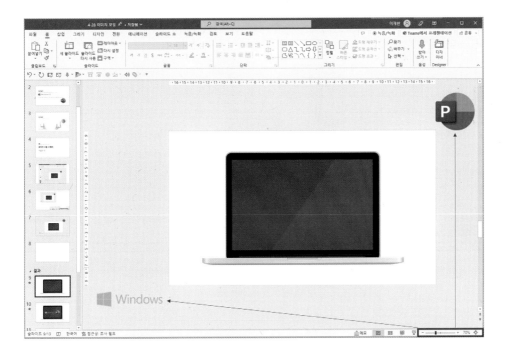

모두 다섯 페이지로 구성되어 있으며, 아래와 같은 순서로 진행된다.

▲ 1페이지

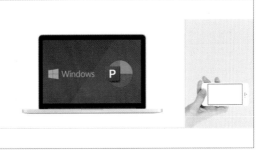

▲ 2페이지

▲ 3페이지

▲ 4페이지

▲ 5페이지

3 애니메이션 설정

이번 예제의 애니메이션은 파워포인트 첫 번째 슬라이드의 노트북 이미지 하나뿐이다. [애니메이션] 탭-
[애니메이션] 그룹-[떠오르기], [재생 시간]은 '0.5초'이다. [트리거]는 [이전 효과 다음에]이다. [전환 효과]
는 1페이지는 없으며 나머지 모든 페이지가 [전환]-[모핑] , [효과 옵션]-[개체], [기간]은 '0.5초'이다.

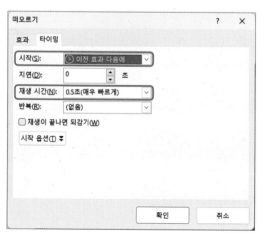

4-29 이미지 줌인 모핑

본 기술을 위해서 사용한 파워포인트 기본기는 3가지다.

	이미지 자르기		레이어 마스크		GIF 만들기
	영상 자르기		도형 색 및 테두리		표
✔	**이미지 편집**		도형 병합		차트
	텍스트 강조		애니메이션	✔	**전환**
	음악 자르기		스포이트 기능		음악 설정
	위키미디어 커먼즈	✔	**글꼴 설치**		아이콘 사냥하기

모핑은 파워포인트 2019 버전 이상 마이크로소프트 365 버전까지 지원된다. 모핑 전환이 적용된 파일을 파워포인트 2016 버전(16.0.4358.1000) 이상에서만 재생이 가능하다. 상세 설명은 '3-15. 전환 효과'를 참고하자. 영상의 이미지를 줌인(Zoom-in)하면서 메시지를 전달하는 방식이다. 어렵지 않게 간단하게 만들 수 있다. 완성 파일과 함께해 보자.

1 작업 소스

	출처
글꼴	• 네이버 나눔스퀘어(bit.ly/2nviCKu)
이미지	• 필기(bit.ly/3lAG4HW)
음악	• bensound-allthat(bitly.ws/JXmh)
완성 파일(PPT)	• PART 04 〉 04-29 이미지 줌인 모핑 영상.pptx
완성 파일(MP4)	• PART 04 〉 04-29 이미지 줌인 모핑 영상.mp4

언스플래시(unsplash)에서 가져온 이미지를 세 가지 종류로 잘라준다. 1페이지에서 3페이지로 갈수록 확대되는 형태이다. 텍스트는 굵은 글꼴과 얇은 글꼴을 혼용하여 입력한다. 텍스트 가독성을 위해서 텍스트 상자에 회색을 적용했다.

▲ 1페이지

▲ 2페이지

▲ 3페이지

전환 효과 하나로 끝난다. [전환] 탭 - [슬라이드 화면 전환] 그룹 - [모핑], [효과 옵션] - [단어], [기간] - [0.5초], [화면 전환] - [다음 시간 후] - [1초]로 설정한다.

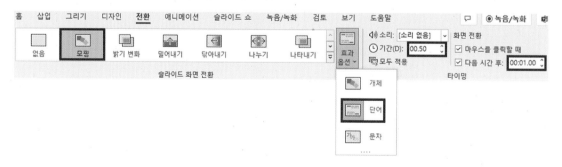

4-30 3D 모델 모핑

본 기술을 위해서 사용한 파워포인트 기본기는 5가지다.

✔	**이미지 자르기**		레이어 마스크		GIF 만들기
	영상 자르기		도형 색 및 테두리		표
✔	**이미지 편집**		도형 병합		차트
	텍스트 강조		애니메이션	✔	**전환**
	음악 자르기	✔	**3D 모델**		음악 설정
	위키미디어 커먼즈	✔	**글꼴 설치**		아이콘 사냥하기

3D 모델 기능은 마이크로소프트 365에서만 지원된다. 이하 버전은 불가능하니 주의하자. 각각의 페이지에 서로 다른 각도의 3D 모델을 삽입하고 모핑을 돌리는 기능이다. 어렵지 않게 간단하게 만들 수 있다. 완성 파일과 함께해 보자.

---

1 작업 소스

	출처
글꼴	• 네이버 나눔스퀘어(bit.ly/2nviCKu)
이미지	• 스마트폰(bit.ly/3ZbtHQn)
음악	• Blues Rock by Infraction / True Detective(bit.ly/3ZenDqa)
완성 파일(PPT)	• PART 04 〉 04 – 30 3D 모델 모핑 영상.pptx
완성 파일(MP4)	• PART 04 〉 04 – 30 3D 모델 모핑 영상.mp4

2 이미지 검색

3D 모델은 [삽입] 탭-[일러스트레이션] 그룹-[3D 모델]-[스톡 3D 모델]에서 'dog'로 검색하여 찾을 수 있다.

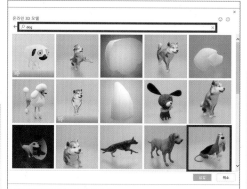

3 이미지 작업

스마트폰 이미지를 확대하여 가운데에 가득 차도록 이미지를 잘라서 배치한다. 이후 개 이미지를 스마트폰 안애 배치한다. 텍스트는 스마트폰 안에 '나눔손글씨 펜'으로 감성적인 느낌이며, 스마트폰 밖은 '나눔스퀘어'를 이용하여 깔끔하게 작성한다.

이렇게 만든 페이지를 복사하여 2개의 페이지를 만든다.

텍스트 애니메이션은 [애니메이션] 탭 – [애니메이션] 그룹 – [날아오기], [효과 옵션] – [오른쪽에서], [효과] – [설정] – [바운드 종료]는 '0.35초'이다. 2페이지에 있는 강아지는 이미지는 몸통 중간에 회전을 클릭하고 돌리면 360도 회전이 가능하다. 앞을 보는 것처럼 돌려놓으면 완성된다.

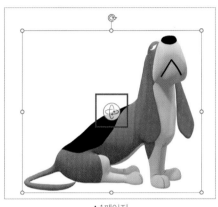 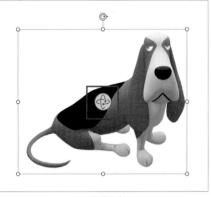

▲1페이지　　　　　　　　　　　　　　　▲2페이지

마지막으로 2페이지를 [전환] 탭 – [슬라이드 화면 전환] 그룹 – [모핑] – [기간]을 '1초'로 설정하면 강아지 몸통이 입체적으로 움직이면서 정면을 바라보는 것을 볼 수 있다.

1페이지

2페이지

▲2페이지 전환 효과 [모핑]

4-31 PIP(Picture in Picture)

본 기술을 위해서 사용한 파워포인트 기본기는 4가지다.

	이미지 자르기		레이어 마스크		GIF 만들기
✔	**영상 자르기**	✔	**도형 색 및 테두리**		표
	이미지 편집		도형 병합		차트
	텍스트 강조	✔	**애니메이션**		전환
	음악 자르기		스포이트 기능		음악 설정
	위키미디어 커먼즈	✔	**글꼴 설치**		아이콘 사냥하기

PIP라는 말은 'Picture in Picture'. 즉, 영상 안에 영상이 재생되는 방식을 뜻한다. 일반적인 영상에서는 어렵지 않게 찾아볼 수 있는데, 애니메이션의 패턴만 이해한다면 만드는 방법도 어렵지 않다. 완성 파일과 함께해 보자.

1 작업 소스

	출처
글꼴	• Edwardian Script ITC(bit.ly/3ncn2YM)
영상	• 오른쪽 영상(bit.ly/3ncGWmr) • 왼쪽 영상(bit.ly/3KOJqOh) • 배경 영상(bit.ly/3N7b4ZR)
음악	• Cinematic Documentary Violin by Infraction [No Copyright Music] / Innerbloom(bit.ly/3Z4cBnv)

완성 파일(PPT)	• PART 04 〉 04 – 31 PIP Picture in Picture 영상.pptx
완성 파일(MP4)	• PART 04 〉 04 – 31 PIP Picture in Picture 영상.mp4

배경 영상을 제외한 2가지 영상은 영상 자르기 기능을 이용하여 정사각형에 가깝도록 잘라준다.

2 애니메이션 설정

3가지 영상이 동시에 재생되는 것이 이 기술의 핵심이다. 가장 먼저 배경이 되는 영상을 페이지 가득 채울 수 있도록 영상을 삽입한다.

개체	애니메이션	트리거	영상 트리밍	효과 옵션
음악	[미디어]–[재생]	이전 효과와 함께		
배경 영상	[나타나기]–[밝기 변화]	이전 효과와 함께		
	[미디어]–[재생]	이전 효과와 함께	영상 트리밍 [1초]–[10초]	
오른쪽 영상	[나타나기]–[밝기 변화]	이전 효과와 함께		[지연]–[1초]
	[미디어]–[재생]	이전 효과와 함께	영상 트리밍 [1초]–[9초]	
왼쪽 영상	[나타나기]–[밝기 변화]	이전 효과와 함께		[지연]–[2초]
	[미디어]–[재생]	이전 효과와 함께	영상 트리밍 [1초]–[8초]	

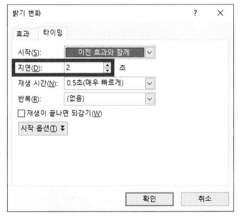 

영상을 타임라인으로 그려 보면 다음과 같다.

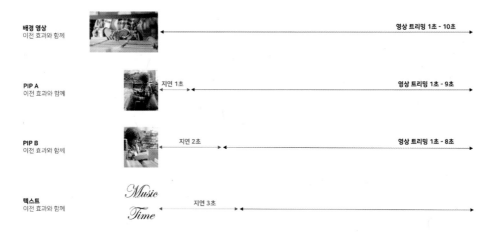

4-32 넷플릭스 인트로 만들기

본 기술을 위해서 사용한 파워포인트 기본기는 4가지다.

이미지 자르기		레이어 마스크		GIF 만들기
영상 자르기	✔	**도형 색 및 테두리**		표
이미지 편집	✔	**도형 병합**		차트
텍스트 강조	✔	**애니메이션**		전환
음악 자르기		스포이트 기능		음악 설정
위키미디어 커먼즈	✔	**글꼴 설치**		아이콘 사냥하기

OTT 서비스가 보편화되면서 OTT 느낌을 따라서 만드는 영상이 늘어났다. 이번 예제에서는 넷플릭스 인트로를 영상으로 만들어 보자. 원본과 100% 같지는 않지만 최대한 유사한 느낌이 들도록 했다. 완성 파일과 함께해 보자.

1 작업 소스

출처	
글꼴	• Open Sans Condensed ExtraBold(bit.ly/42sEWXv)
효과음	• Netflix Intro Sound Effect Ringtone(bit.ly/3lBWVtU)
완성 파일(PPT)	• PART 04 〉 04-32 넷플릭스 인트로 만들기 영상.pptx
완성 파일(MP4)	• PART 04 〉 04-32 넷플릭스 인트로 만들기 영상.mp4

검은색 바탕에 'NETFLIX' 텍스트를 입력한 후 복사한다. 다른 슬라이드에 붙일 때 [홈] 탭-[클립보드] 그룹-[붙여넣기]-[붙여넣기 옵션]-[선택하여 붙여넣기]-[형식]-[그림 (확장 메타 파일)]-[확인]을 클릭하여 텍스트를 이미지로 만든다.

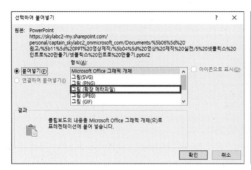 

넷플릭스 로고를 완성하기 위해서 [삽입] 탭-[일러스트레이션] 그룹-[도형]-[타원]을 클릭하여 삽입한다. 크기는 세로 1.8cm 가로 20cm 정도로 설정한다. 이후 로고 앞으로 타원을 배치한다. 넷플릭스 이미지를 클릭하고 Ctrl을 누른 상태로 도형을 클릭한다. 여기서 클릭 순서가 매우 중요하다. 반드시 적용을 원하는 개체 즉, 넷플릭스 이미지를 먼저 선택해야 한다. 이후 [도형 서식] 탭-[도형 삽입] 그룹-[도형 병합]-[결합]을 클릭하면 아래와 같은 이미지가 만들어지는 것을 볼 수 있다.

전체 애니메이션은 2페이지로 이루어진다. 1페이지에는 등장이며, 2페이지는 화면 전환 효과까지만 적용되어 있다. 자세한 설명은 아래 표로 애니메이션을 설정하면 된다.

페이지	개체	애니메이션	트리거	효과 옵션
1페이지	효과음	[미디어]-[재생]	이전 효과와 함께	
	이미지	[나타나기]-[닦아내기]	이전 효과와 함께	
	[강조]-[크게 작게]	이전 효과와 함께	[지연]-[1초]	
2페이지	[전환] 탭-[슬라이드 화면 전환] 그룹-[문]			

4-33 표와 '흐리게' 효과

본 기술을 위해서 사용한 파워포인트 기본기는 4가지다.

✔	**이미지 자르기**		레이어 마스크		GIF 만들기
	영상 자르기		도형 색 및 테두리	✔	**표**
	이미지 편집		도형 병합		차트
	텍스트 강조		애니메이션	✔	**전환**
	음악 자르기		스포이트 기능		음악 설정
	위키미디어 커먼즈	✔	**글꼴 설치**		아이콘 사냥하기

영상에서는 복잡한 표를 사용하는 것은 금기 사항이다. 그러나 어쩔 수 없이 표를 사용해야 하는 상황이 있다면, 이미지 꾸밈 효과의 '흐리게' 효과를 사용하여 원하는 메시지를 강조할 수 있다. 완성 파일과 함께해보자.

1 작업 소스

출처	
글꼴	• 네이버 나눔스퀘어(bit.ly/2nviCKu)
이미지	• PART 04 〉 04-33 표와 [흐리게] 효과.pptx 참고
음악	• Changes — Metro Vice ｜ Free Background Music ｜ Audio Library Release (bitly.ws/LKq4)
표	• PART 04 〉 04-33 표와 [흐리게] 효과.pptx 참고
완성 파일(PPT)	• PART 04 〉 04-33 표와 [흐리게] 효과 영상.pptx
완성 파일(MP4)	• PART 04 〉 04-33 표와 [흐리게] 효과 영상.mp4

표를 애니메이션으로 만들기 위해서 필요한 첫 번째 작업은 이미지로 만드는 것이다. 이미지로 만드는 방법은 간단하다. 원본인 표를 복사해서 새로운 페이지에 붙일 때 그림으로 붙여 넣기 옵션을 적용하면 된다.

이미지로 만든 표를 복사한 후 다음 페이지에 넣는다. 2페이지는 '흐리게' 효과를 적용한다. 3페이지는 자르기와 그림 테두리를 넣는다. 마지막으로 3페이지에 아이폰 이미지를 적당한 위치에 삽입하면 완성된다. 4~5페이지, 6~7페이지, 8~9페이지도 같은 작업을 반복하고, 10페이지에 앞서 만든 표 이미지를 삽입하면 완성된다.

순서	작업		결과
1	이미지로 변환된 표	마우스 오른쪽 버튼 클릭 후 [붙여넣기]-[그림]	
2	흐리게 효과	[그림 서식] 탭-[조정] 그룹-[꾸밈 효과]-[흐리게] 적용	
3	잘라 넣을 표	자르기 [그림 서식] 탭-[그림 스타일] 그룹-[그림 테두리]-[색]-[옥색], [두께]-[6PT]	
4	완성된 표	2페이지 + 3페이지	
5	아이폰 이미지 추가	3페이지 + 이미지 추가	

1페이지는 스마트폰 전체 스펙을 보여주는 페이지이다. 2페이지는 '흐리게' 효과로 아이폰 14 모델의 스펙만 잘 볼 수 있다. 3페이지는 이미지와 함께 보여주는 형식이다. 나머지 3가지 모델도 '흐리게' 효과를 이용하며 이미지를 보여주어 스펙에 집중하도록 만들어 준다. '흐리게' 효과를 사용하는 패턴을 이해하면 간단하게 만들 수 있다.

페이지	전환 효과	효과 옵션
1페이지	[음악]–[미디어]–[재생] / 이전 효과와 함께	모든 슬라이드 재생 쇼 동안 숨기기
	[전환] – [밝기 변화]	
2~10페이지	[전환] – [밝기 변화]	다음 시간 후 [1초]

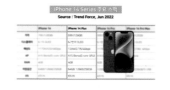

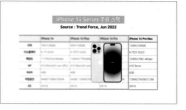

4-34 움직이는 아이콘과 손그림 애니메이션

본 기술을 위해서 사용한 파워포인트 기본기는 3가지다.

이미지 자르기		레이어 마스크		GIF 만들기
영상 자르기		도형 색 및 테두리		표
이미지 편집		도형 병합		차트
텍스트 강조	✔	**애니메이션**		전환
음악 자르기	✔	**스포이트 기능**		음악 설정
위키미디어 커먼즈	✔	**글꼴 설치**		아이콘 사냥하기

움직이는 아이콘과 그리기 펜을 이용한 손그림 영상을 알아보자. 먼저 움직이는 아이콘의 경우에, 최근 플랫아이콘(flaticon.com)에서 롯티(Lottie)에서 형식(애프터 이펙트로 만든 애니메이션을 아이콘화하는 프로그램)을 도입한 움직이는 아이콘을 CC Creative Commons 형식으로 출시했다. 따라서 아이콘이 움직이는 것은 롯티 형식임을 이해하자.

두 번째로 잉크 리플레이라는 기능을 이용한 손그림 이용이다. 파워포인트에는 [그리기] 탭이 있다. 이 기능은 2013 버전의 경우 [잉크 도구]라는 메뉴로 생겼으며, 2016 버전부터 [그리기]라는 메뉴로 변경되었다. 잉크 리플레이는 태블릿을 가지고 있다면 펜으로 쉽게 그릴 수 있다. 필자의 경우 아이패드를 이용해 손글씨로 화살표나 이미지를 그린다. 그리고 [애니메이션] 탭 - [타이밍] 그룹 - [재생]을 클릭하면 재생되는 것을 볼 수 있다. 롯티 형식 파일과 잉크 리플레이를 이용한 영상을 만들어 보자.

1 작업 소스

출처	
글꼴	• 네이버 나눔스퀘어(bit.ly/2nviCKu)
이미지	• 아이콘1(bit.ly/42wcHY1)
	• 아이콘2(bitly.ws/LKAK)
	• 아이콘3(bit.ly/42DCnBI)
	• 아이콘4(bit.ly/3JFL85U)
완성 파일(PPT)	• PART 04 〉04-34 움직이는 아이콘과 손그림 애니메이션.pptx
완성 파일(MP4)	• PART 04 〉04-34 움직이는 아이콘과 손그림 애니메이션.mp4

2 애니메이션 설정

애니메이션 모든 기본 설정은 [애니메이션]-[나타나기]/[트리거]-[이전 효과 다음에]/[재생 시간]-[타이밍]은 '0.5초'이다. 그림과 텍스트는 '밝게 변화' 그리기는 '재생'으로 놓으면 된다. 애니메이션을 정리하면 타임라인으로 그려 보면 다음과 같다.

		번호	애니메이션
개인 보안	그림 1	❶ 그림	밝게 변화
	TextBox 10: 개인...	❷ 텍스트	밝게 변화
	잉크 9	❸ 그리기	재생
문서	그림 3	❶ 그림	밝게 변화
	TextBox 17: 문서	❷ 텍스트	밝게 변화
	잉크 27	❸ 그리기	재생
스마트폰	그림 15	❶ 그림	밝게 변화
	TextBox 12: 스마...	❷ 텍스트	밝게 변화
	잉크 9	❸ 그리기	재생
컴퓨터	그림 13	❶ 그림	밝게 변화
	TextBox 16: 컴퓨...	❷ 텍스트	밝게 변화

애니메이션 [재생]   **재생 시간 [0.5초]**

4-35 레이어 마스크, 영상 콤보

본 기술을 위해서 사용한 파워포인트 기본기는 5가지다.

	이미지 자르기		레이어 마스크		GIF 만들기
✔	**영상 자르기**		도형 색 및 테두리		표
	이미지 편집	✔	**도형 병합**		차트
	텍스트 강조	✔	**애니메이션**		전환
	음악 자르기	✔	**스포이트 기능**		음악 설정
	위키미디어 커먼즈	✔	**글꼴 설치**		아이콘 사냥하기

텍스트를 이용한 레이어 마스크를 만들고 영상과 애니메이션을 조합하는 방법이다. 이번 예제는 마블이나 SF 영화를 보는 듯한 느낌으로 만들었다. 완성 파일을 이용하여 함께 만들어 보자.

1 작업 소스

출처	
글꼴	• dafont(bit.ly/3FOnF1f)
영상	• 우주(bit.ly/3lIgqAT)
음악	• bensound – The Duel(amz.run/6mVs)
완성 파일(PPT)	• PART 04 〉 04 – 35 레이어 마스크, 영상 콤보.pptx
완성 파일(MP4)	• PART 04 〉 04 – 35 레이어 마스크, 영상 콤보.mp4

이미지 작업은 2단계로 나뉜다.

● 도형 색 찾고 텍스트 입력하기

사각형 도형을 삽입하고 텍스트 상자를 하나 삽입한 후 'Earth'를 입력한다. 도형의 색상은 'RGB 27.64.119'이며 'Hex #1B4077'이다. 도형의 색은 영상에서 스포이트로 적당한 색을 찾아냈다.

● 도형과 텍스트의 병합하기

뒤에 있는 도형을 먼저 선택한다. 그리고 텍스트를 선택한 후 [도형 서식] 탭 - [도형 삽입] 그룹 - [도형 병합] - [결합]을 클릭하면 아래의 이미지와 같은 결과가 나온다.

▲ 도형 색 찾고 텍스트 입력   ▲ 도형과 텍스트의 병합

음악 파일과 영상을 차례대로 삽입하고 마지막으로 레이어 마스크로 덮는다. 애니메이션의 트리거는 이전 효과와 함께 음악, 영상, 레이어 마스크의 애니메이션은 모두 동시에 시작된다. 아래와 같은 애니메이션을 설정하면 완성된다.

개체	애니메이션	트리거	효과 옵션
음악	[미디어] - [재생]	이전 효과와 함께	
영상	[미디어] - [재생]	이전 효과와 함께	
텍스트	[끝내기] - [밝기 변화]	이전 효과와 함께	[재생 시간] - [6초] / [지연] - [5초]

4-36 텍스트 애니메이션

본 기술을 위해서 사용한 파워포인트 기본기는 5가지다.

	이미지 자르기		레이어 마스크		GIF 만들기
✔	**영상 자르기**		도형 색 및 테두리		표
	이미지 편집	✔	**도형 병합**		차트
	텍스트 강조	✔	**애니메이션**		전환
	음악 자르기	✔	**스포이트 기능**		음악 설정
	위키미디어 커먼즈	✔	**글꼴 설치**		아이콘 사냥하기

애니메이션의 효과 옵션을 세부적으로 조작하여 만드는 애니메이션이다. 텍스트와 이미지를 이용하여 두 가지 움직임을 만들어 냈다. 숨 쉬듯이 움직이는 움직임과 엔진 움직임을 만들어 냈다. 완성 파일을 이용하여 함께 만들어 보자.

1 작업 소스

출처	
글꼴	• 강원교육모두체 Light(bit.ly/3TCZMPU) • 경기도서체(bit.ly/3JyB66g)
이미지	• 지구(bit.ly/3nivwxB) • 자동차(bit.ly/3K0BlHR)
효과음	• 엔진 소리(amz.run/6mVv) • 숨소리(amz.run/6mVx)
음악	• Cinematic Documentary Violin by Infraction [No Copyright Music] / Innerbloom(bit.ly/3LQD5FU)

완성 파일(PPT)	• PART 04 〉 04 – 36 텍스트 애니메이션 영상.pptx
완성 파일(MP4)	• PART 04 〉 04 – 36 텍스트 애니메이션 영상.mp4

2 이미지 작업

지구 이미지의 바탕색이 검은색과 약간의 이질감이 있다. 따라서 스포이트를 이용하여 지구의 배경을 찾고 파워포인트 배경에 적용하자. 자동차 이미지는 리무브(Remove.bg)에서 배경을 제거하고 자동차만 남겨두자.

▲ 지구의 배경을 스포이트로 찾아 바탕을 채워주자

▲ 자동차 이미지는 리무브(Remove.bg)에서 배경을 제거하자

이번 작업은 세부적인 애니메이션 설정이 중요하다. 먼저 숨 쉬는 지구 이미지의 애니메이션은 [애니메이션]-[강조]-[크게 작게]를 사용한다. [크기]-[110pt] / [자동 반복] / [텍스트 애니메이션]-[문자 단위로] / [문자 사이 지연 0%] / [타이밍]-[반복]-[슬라이드 끝날 때 까지]이다. 전환 효과는 [전환]-[다음 시간 후]는 '8초'이다.

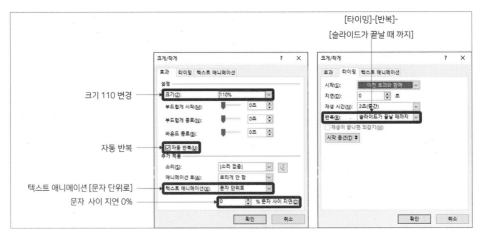

효과음은 [미디어]-[재생]

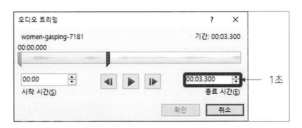

'널 위해 항상 엔젠을 켜둘께'의 텍스트와 이미지 모두 에니메이션은 [애니메이션] - [강조] - [회전]를 사용한다. [양] - [시계 방향 1도] / [자동 반복] / [타이밍] - [시작] - [이전 효과와 함께] / [재생 시간]은 '0.05초' / [반복] - [슬라이드가 끝날 때까지]이다. 여기서 텍스트가 흔들리는 값을 더 주기 위해서 [양] - [시계 방향 3도]로 변경해 주자. 전환 효과는 [전환] - [다음 시간 후]는 '8초'이다.

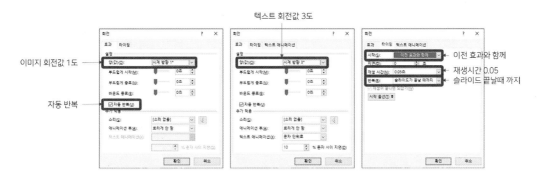

4-37 Chapter 애니메이션

본 기술을 위해서 사용한 파워포인트 기본기는 4가지다.

이미지 자르기		레이어 마스크		GIF 만들기	
영상 자르기		도형 색 및 테두리		표	
이미지 편집		도형 병합		차트	
텍스트 강조	✔	**애니메이션**		전환	
음악 자르기	✔	**스포이트 기능**		음악 설정	
위키미디어 커먼즈	✔	**글꼴 설치**	✔	**아이콘 사냥하기**	

영상이 길어지면 내용을 구분하여 만들어야 한다. 예를 들어, 1장부터 5장까지 만들겠다고 생각한다면 그것을 구분하는 영상이 필요하기 마련이다. 이 방법은 하나의 페이지에 많은 애니메이션을 넣어야 하기에 약간의 난이도가 있다. 완성 파일을 이용하여 함께 만들어 보자.

1 작업 소스

	출처
글꼴	• 강원교육서체(bitly.ws/LSzY)
효과음	• Simple Clean Logo(bitly.ws/LSAc)
이미지	• 아이콘(bitly.ws/LSAv)
완성 파일(PPT)	• PART 04 〉 04–07 Chapter 애니메이션 영상.pptx
완성 파일(MP4)	• PART 04 〉 04–07 Chapter 애니메이션 영상.mp4

아이콘 사냥과 적용 방법에 관한 자세한 내용은 '2– 08. 아이콘 사냥하기'를 참고하자.

이미지 작업

이미지 작업은 텍스트와 텍스트 상자 마무리로 선으로 이루어져 있다. 아래와 같은 위치에 배치한다.

3 애니메이션 설정

개체	애니메이션	트리거	효과 옵션
효과음	[미디어]-[재생]		
텍스트(파워포인트로~)	[나타나기]-[나누기]	이전 효과와 함께	세로 바깥으로
아이콘	[나타나기]-[떠오르기]	이전 효과와 함께	
선	[나타나기]-[나누기]	이전 효과와 함께	세로 바깥으로
텍스트(Chapter 01)	[나타나기]-[확대 축소]	이전 효과 다음에	개체 센터
텍스트(영상 제작의 첫걸음)	[나타나기]-[날아오기]	이전 효과 다음에	오른쪽에서
텍스트(Chapter 01)	[끝내기]-[밝기 변화]	이전 효과와 함께	지연 1초
텍스트(영상 제작의 첫걸음)	[끝내기]-[밝기 변화]	이전 효과와 함께	지연 1초
선	[끝내기]-[날아가기]	이전 효과 다음에	오른쪽으로
아이콘	[끝내기]-[하강]	이전 효과와 함께	
텍스트(파워포인트로~)	[끝내기]-[확대 축소]	이전 효과와 함께	

4-38 브릿지 영상

본 기술을 위해서 사용한 파워포인트 기본기는 6가지다.

이미지 자르기		레이어 마스크		GIF 만들기
영상 자르기	✔	**도형 색 및 테두리**		표
이미지 편집		도형 병합		차트
텍스트 강조	✔	**애니메이션**	✔	**전환**
음악 자르기	✔	**스포이트 기능**	✔	**음악 설정**
위키미디어 커먼즈	✔	**글꼴 설치**		아이콘 사냥하기

영상 사이를 구분하거나, 이어주는 영상을 '브릿지 영상'이라고 한다. 유튜브를 보면 흔히 볼 수 있다. 완성 파일을 이용하여 출처를 밝히고 사용할 수 있는 음악, 애니메이션과 간단한 전환 효과로 브릿지 영상을 만들어 보자.

1 작업 소스

필자는 리얼 비주얼 씽킹 위드 파워포인트의 저자 이기도 하다. 예제 그림은 필자가 직접 그렸다. 글꼴은 네이버 나눔 스퀘어이다.

출처	
글꼴	• 네이버 나눔 스퀘어(bit.ly/2nviCKu)
음악	• Left U Into (Sting) - Otis McDonald(bitly.ws/LSCH)
이미지	• 필자의 손그림(04-38 브릿지 영상.pptx 참고)
완성 파일(PPT)	• PART 04 〉 04-38 브릿지 영상.pptx
완성 파일(MP4)	• PART 04 〉 04-38 브릿지 영상.mp4

2 이미지 및 도형 작업

필자는 '리얼 비주얼 씽킹 with 파워포인트'의 저자이기도 하다. 예제 그림은 필자가 직접 그렸다. 도형은 [삽입] 탭 – [일러스트레이션] 그룹 – [도형] – [기본 도형] – [원형 : 비어 있음]을 선택하고, 검은색 도형의 색은 '0,0,0 #000000'이며 바탕색은 '255,194,2 #FFC202'로 설정한다.

첫 번째 페이지의 이미지는 정중앙에 배치한다. 원형 도형은 크기 40cm * 40cm로 페이지보다 크게 만들고 마찬가지로 중앙 정렬로 배치한다. 이렇게 크게 배치하면 아래와 같은 이미지가 된다. 두 번째 페이지는 이미지와 텍스트를 중앙 정렬로 둔다. 이미지와 텍스트는 그룹화하지 않는다.

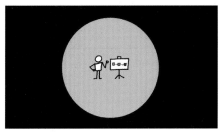 

3 음악 사냥하기

해당 음악은 유튜브에서 공개된 음원이다. 출처를 밝히고 사용하면 된다.

- **출처** https://www.youtube.com/watch?v=b_qUDnpD2Es
- **음원** Left U Into (Sting) – Otis McDonald | Music for intros

'2-13. 유튜브 다운로드하기'에서 설명한 방법을 이용해서 음원을 MP3 형태로 다운로드한다.

4 애니메이션 설정

가장 먼저 음악을 첫 번째 순서로 둔다. ❶을 클릭해야 ❷ [재생] 탭이 활성화된다. [자동 실행], [모든 슬라이드에서 재생], [쇼 보는 동안 숨기기] 3가지 옵션을 선택한다.

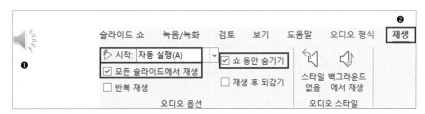

두 번째로 이미지와 도형에 대한 애니메이션을 설정한다. 도형 애니메이션은 [나타나기]–[확대 축소]이며 트리거는 [이전 효과와 함께], 효과 옵션은 [개체 센터]이다. 이미지 애니메이션은 [나타나기]–[날아오기]이 며 트리거는 [이전 효과 다음에], 효과 옵션은 [왼쪽에서]이다. 이렇게 하면 도형과 이미지가 순차적으로 날 아온다. 다음은 사라지기다 도형과 이미지 모두 애니메이션은 [끝내기]–[휘돌아 사라지기]이며 트리거는 [이전 효과 다음에]이다.

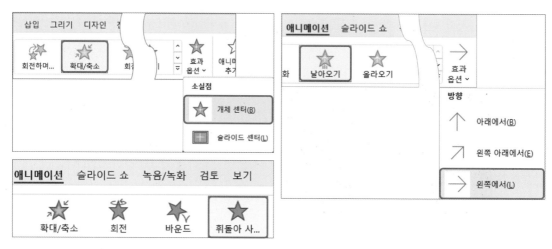

세 번째로 전환 효과는 [날기] – [바깥 쪽에서 바운드]이다.

마지막 페이지는 텍스트만 강조하면 마무리된다. [강조하기] – [크게 작게] – [이전 효과 다음에]이며, 효과 옵션은 [크기] : '120%', [텍스트 에니메이션] : '문자 단위로', [문자 사이 지연] : '2.5%'이다.

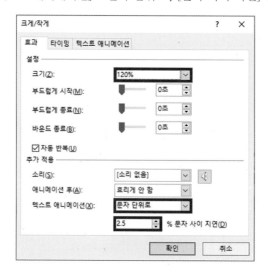

전체 애니메이션을 표로 나타내면 다음과 같다.

페이지	개체	애니메이션	트리거	효과 옵션
1페이지	음악	[미디어]-[재생]	이전 효과와 함께	모든 슬라이드 재생 쇼 동안 숨기기
	도형	[나타나기] -[확대 축소]	이전 효과와 함께	개체 센터
	이미지	[나타나기] -[날아오기]	이전 효과 다음에	왼쪽에서
	도형	[끝내기]-[휘돌아 사라지기]	이전 효과 다음에	
	이미지	[끝내기] -[휘돌아 사라지기]	이전 효과와 함께	
2페이지	텍스트	[강조하기] -[크게 작게]	이전 효과 다음에	[크기]-[120%] [텍스트 에니메이션]-[문자 단위로] [문자 사이 지연]-[2.5%]
	[전환] 탭-[슬라이드 화면 전환] 그룹-[날기]			바깥 쪽에서 바운드

4-39 Chapter Frame

본 기술을 위해서 사용한 파워포인트 기본기는 2가지다.

이미지 자르기		레이어 마스크		GIF 만들기
영상 자르기		도형 색 및 테두리		표
이미지 편집		도형 병합		차트
텍스트 강조		애니메이션	✔	**전환**
음악 자르기	✔	**스포이트 기능**		음악 설정
위키미디어 커먼즈		글꼴 설치		아이콘 사냥하기

영상을 진행하면서 목차를 보여주는 경우가 많다. 예를 들어, 해당 영상에서 말하고 싶은 내용이 다섯 가지라면 상단에 프레임을 만들고 어떤 부분을 말하고 있는지 표시하는 것이다. 도형으로 간단하게 만들 수 있다. 완성 파일을 이용하여 함께 만들어 보자.

1 작업 소스

	출처
글꼴	• 네이버 나눔스퀘어(bit.ly/2nviCKu)
완성 파일(PPT)	• PART 04 〉 04 – 39 Chapter Frame 영상.pptx
완성 파일(MP4)	• PART 04 〉 04 – 39 Chapter Frame 영상.mp4

도형은 [삽입] 탭 – [일러스트레이션] 그룹 – [도형] – [사각형] – [둥근 위쪽 모서리]를 클릭하여 삽입하고, 도형을 뒤집어 준다. 뒤집기 위해서는 도형의 상단 회전 모양을 돌려주면 된다.

 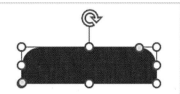

예제에 사용한 색상은 '60,72,81 #3C4851', 그리고 '191,191,191 #BFBFBF'이다.

영상에서 말하고자 하는 목차가 다음과 같다고 생각해 보자.

❶ 오프닝

❷ 왜 커피일까?

❸ 이디야의 전략

❹ 빽다방의 전략

❺ 결론

아래 이미지와 같이 상단에 도형과 텍스트를 배치한다.

다음 슬라이드마다 도형의 색을 다르게 적용하면 Chapter Frame이 완성된다. 모든 슬라이드는 [전환 효과] – [밝기 변화] – [화면 전환] – [다음 시간 후] 1초로 설정하면 프레임의 변화를 확인할 수 있다.

▲ 2페이지

▲ 3페이지

▲ 4페이지

▲ 5페이지

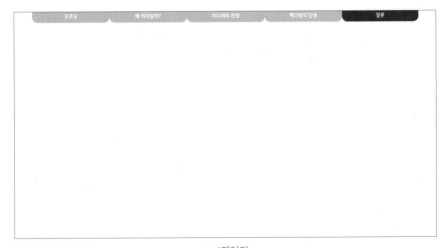

▲ 6페이지

이제 끝이 보인다. 파워포인트로 영상을 제작했다면 이제 영상으로 완성하는 기술
이다. 영상 완성에 대한 3가지를 상세하게 알아보자. 더불어 저장 시 발생할 수 있
는 미디어 오류와 그 대처법도 소개하니, 꼼꼼히 읽어보자.

영상 완성하기

5-01 파워포인트에서 영상을 저장하는 세 가지 방식

5-02 컷 편집으로 불필요한 영상 제거하기

5-03 미디어 오류와 대처법

5-01 파워포인트에서 영상을 저장하는 세 가지 방식

1 파워포인트 비디오 만들기

파워포인트를 영상으로 만드는 가장 기본적인 방법으로 [파일] 탭 – [내보내기] – [비디오 만들기]를 클릭하면 두 가지 설정이 나온다.

> **Ultra HD(4K)**
> 최대 파일 크기 및 매우 높은 품질(3840 x 2160)
>
> **Full HD(1080p)**
> 큰 파일 크기와 전체 고품질(1920 x 1080)
>
> **HD(720p)**
> 중간 파일 크기 및 중간 품질(1280 x 720)
>
> **표준(480p)**
> 최소 파일 크기 및 저품질(852 x 480)

영상의 해상도를 선택하는 설정이다. '표준 480P'는 사용하지 않는 것이 좋으며 'Full HD 1080P'를 사용하는 것이 가장 좋다. 유튜브, 네이버 TV 카카오 TV와 같은 영상 플랫폼에 올라오는 대부분의 영상은 Full HD 1080P이다.

● 기록된 시간 및 설명 사용 안 함

파워포인트에서 저장된 전환 효과에 시간을 무시하는 것을 의미한다. 사용하지 않는 것이 좋다.

● 기록된 시간 및 설명 사용

파워포인트에서 저장된 전환 효과 및 각종 설정을 그대로 저장하는 방식이다. 전환 효과 및 애니메이션을 내가 원하는 대로 저장해야 하므로 이 기능은 반드시 사용한다.

> **기록된 시간 및 설명 사용 안 함**
> 모든 슬라이드에 아래 설정된 기본 기간이 사용됩니다. 비디오의 설명은 모두 생략됩니다.
>
> **기록된 시간 및 설명 사용**
> 시간이 없는 슬라이드는 (아래에 설정된) 기본 기간을 사용합니다. 이 옵션에는 잉크 및 레이저 포인터 동작이 포함됩니다.
>
> **비디오 녹화**
>
> **시간 및 설명 미리 보기**

● F12 - [다른 이름으로 저장하기]

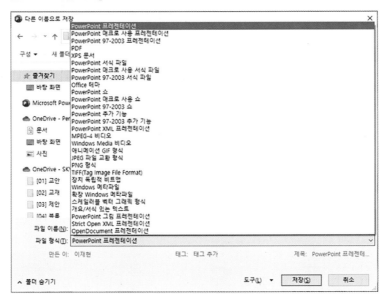

F12를 누르면 MPEG-4 비디오 형식을 찾을 수 있다. [파일] 탭 - [내보내기] - [비디오 만들기]와 동일한 기능이다. 저장은 'Full HD 1920*1080'이며, 30프레임으로 저장된다. 개인적으로 필자가 가장 많이 사용하는 방법이다.

● [삽입] - [화면 녹화] 기능의 한계

파워포인트에도 화면 녹화 기능이 있지만 잘 사용하지 않는다. 최근 영상의 트렌드는 30프레임으로 만드는 것이 대부분이다. 그러나 화면 녹화 기능은 10프레임으로 저장된다. 10프레임 영상을 보면 대부분 끊김 현상을 확인할 수 있는데 이러한 이유에서 사용하지 않는 것이 좋다.

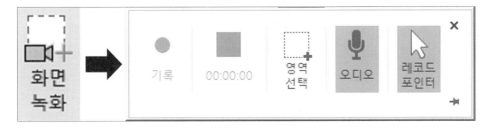

마이크로소프트 XBox 게임을 저장하기 위한 윈도우 디폴트 프로그램이다. 윈도우 10에 기본 장착되어 있으며 간단한 조작으로 영상을 캡처할 수 있는 장점이 있다. 그러나 운영체제 불안으로 인한 오류 가능성이 있다. ⊞+Ⅰ를 눌러 설정으로 들어간 뒤 게임 탭으로 들어간다. 단축키는 ⊞+G이며 바로 전체 화면을 캡처할 수 있다.

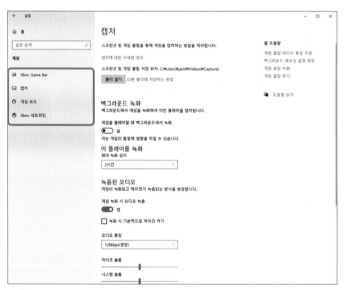

'Xbox Game Bar를 찾을 수 없습니다.'라는 메시지가 보이는 경우 윈도우 최신 업데이트를 진행하자. 업데이트 진행 후 [설정]–[게임]–[Xbox Game Bar]를 확인하면 된다.

OBS는 'Open Broadcasting System'의 약자로 누구나 사용 가능한 무료 프로그램이다. 일반적으로 유튜버들이 많이 사용하며 영상 스트리밍, 화면 녹화, 라이브 방송을 위해서 사용된다. 다양한 형태의 캡처를 할 수 있다는 장점이 있으나 설치, 세팅이 번거롭다는 단점이 있다. 아래의 세 가지만 설정하자.

- 녹화한 저장 위치 : 개인이 찾기 편한 폴더를 선택하자.
- 녹화 형식 설정 : 기본적으로 mkv 설정으로 되어 있지만 MP4 또는, MOV로 설정할 수 있다.
- 마이크 설정 : 마이크를 입력 경로를 설정해 주면 된다.

세 가지 저장 방식을 정리하면 다음과 같다.

	PPT 비디오 만들기	Xbox game bar	OBS
설치	파워포인트 기본 장착	윈도우10 기본 장착	설치 필요(무료)
용도	파워포인트 영상 제작	윈도우 게임 녹화	화면 녹화, 라이브 방송
녹음	파워포인트	창 하나만 녹음	모든 화면 녹화 가능
저장	설정 가능	[C:]-[동영상]-[캡처]	설정 가능
형식	MP4, WMV	MP4	다양한 형태
장점	설치 불필요 컷 편집 필요 없음	설치 불필요	다양한 캡처
단점	버전 차이에 따른 화질 차이	보안으로 인한 에러 가능성 컷 편집 필요함	설치 번거로움 컷 편집 필요함

5-02 컷 편집으로 불필요한 영상 제거하기

앞서 영상을 저장하는 세 가지 방법에 관해서 이야기했다. Xbox game bar와 OBS를 사용하면 영상의 앞뒤에 불필요한 부분이 생기는 것을 확인할 수 있는데, 이렇게 불필요한 부분이 생긴 영상의 앞뒤를 잘라내야 한다.

영상을 자르는 작업을 일반적으로 '컷 편집'이라고 부른다. 일반적으로 영상 편집 프로그램은 대부분 고가이거나, 월 구독료를 지불해야 한다. 그러나 본 도서의 목적이 파워포인트를 이용하여 고급스러운 영상을 만드는 것이니만큼, 목적에 맞게 무료 프로그램을 이용하여 컷 편집을 해보자.

1 윈도우 10 비디오 편집기

윈도우 10 비디오 편집기는 윈도우 10에 기본적으로 설치되어 있는 [사진] 앱과 같이 구동되는 프로그램이다.

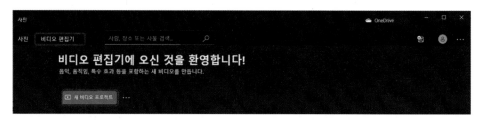

[비디오 편집기]-[새 비디오 프로젝트]-[비디오 이름 지정]-[추가]를 클릭하여 Xbox game bar 또는, OBS에서 편집한 영상을 불러온다.

[프로젝트 라이브러리]에서 스토리 보드로 영상을 드래그하여 옮기고, [자르기]를 클릭한다.

왼쪽 슬라이드 바는 [자르기의 시작]이며 오른쪽 슬라이드 바는 [자르기의 끝]을 뜻한다. 슬라이드 바를 설정하고 [완료]를 클릭한다.

[비디오 마침]을 클릭하고 [내보내기]를 하면 완성된다.

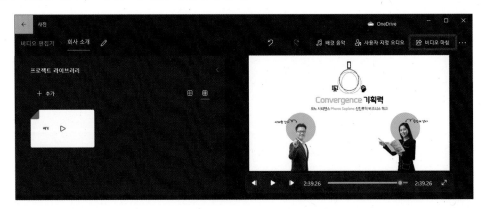

5-03 미디어 오류와 대처법

파워포인트 영상 제작 시 발생하는 몇 가지 오류와 대처법을 함께 알아보자. 가장 대표적인 세 가지 경우는 다음과 같다.

1 아이폰 촬영 영상 및 사진 첨부 오류

한국인의 20% 가량은 애플의 아이폰을 사용 중이다. 아이폰의 경우 사진은 HEIF, 영상은 HEVC 압축 기술을 사용하는데, 이 기술은 영상의 화질 손실 없이 25%에서 최대 50%까지 압축할 수 있다고 한다. 그러나 이 방식은 윈도우 또는, 파워포인트에서 인식하지 못하는 경우가 생긴다. 이런 경우 다음과 같은 방법으로 미디어 오류를 잡자.

❶ 아이폰 카메라의 촬영 방식을 변경한다. [설정]-[카메라]-[포맷]-[카메라 캡처]-[높은 호환성]을 체크한다. 이렇게 촬영된 사진은 JPEG, 영상은 H.264 방식으로 촬영된다.

❷ 무료 인코더를 이용하여 파일 형식을 변경한다. 아이폰의 사진과 영상을 윈도우 PC로 이동시키고 인코딩 이후 사용한다. 인코딩은 샤나 인코더 또는, 다음팟 인코더, 카카오 인코더를 많이 사용한다. 인코더 사용법은 포털 사이트와 유튜브에서 쉽게 찾을 수 있다.

▲ 샤나 인코더　　　▲ 다음 팟 인코더　　　▲ 카카오 인코더

2 MP4 파일 삽입 시 코덱 설치 오류

파워포인트 2010 버전에는 MP4 파일을 인식하지 못한다. 인식해도 영상의 끊김 현상이 지속적으로 보이기 때문에 정상적으로 재생이 불가능하다. 2013 버전부터 MP4 파일 사용이 가능하기 때문이다. 그런데 특정 MP4 파일을 삽입하면 코덱을 설치하라고 아래와 같은 메시지가 나오는 경우가 있다.

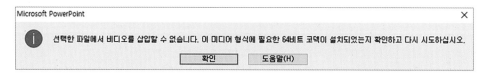

이런 경우 무료로 제공되고 있는 샤나 인코더를 이용해 보자. 문제가 되는 영상 파일을 열어서 정상적인 비디오 파일과 비교해보면 형식이 다르게 나타나 있는 것을 볼 수 있다. 정상적으로 삽입되는 비디오 파일은 'MP4'로 형식이 제대로 표시되는 반면, 삽입이 안 되는 파일의 확장자는 MP4인 반면에 MPEGTS라는 형식으로 되어 있을 것이다. 파워포인트에서는 MPEGTSF 형식을 재생할 수 없다. 이러한 형식의 비디오 파일이 있으면 앞서 말한 무료 인코더를 이용해 MP4 또는 WMV 형식으로 변환해서 사용하면 된다.

3 영상 품질 저하

영상을 저장하면 품질이 저하되는 경우가 있다. 아래와 같이 몇 가지 증상으로 나타난다.

- 영상이 1초 또는, 0.5초 정도 재생이 지연되는 경우
- 소리가 끊겨 들리거나 소리와 영상이 싱크가 맞지 않는 경우
- 화면이 조각나거나 깨지는 경우

이처럼 영상 품질이 저하되는 경우는 크게 두 가지가 원인인 경우가 많다.

- 삽입한 영상의 용량이 너무 클 경우, 로딩하기 위해서 영상이 지연되는 경우가 생길 수 있다.
- 컴퓨터의 리소스를 다른 프로그램에서 차지하고 있는 경우, 파워포인트 외 보안 프로그램이나 백신 프로그램 등에서 컴퓨터의 리소스를 사용하고 있는 경우이다.

영상 품질이 저하될 때는 다음과 같은 방법으로 해결해 보자.

- 삽입한 영상이 너무 큰 경우, 무비 메이커에서 해당 부분을 잘라서 삽입하거나 해상도를 한 단계 낮춰서 삽입한다.
- 영상의 트리밍 후 미디어 압축. 영상의 불필요한 내용을 그대로 포함시킨 경우 품질이 저하될 수 있다. 불필요한 부분을 제거한다면 해결되는 경우가 많다.
- 컴퓨터 리소스를 다른 소프트웨어가 차지하고 있는 경우, 영상을 저장하는 동안 다른 프로그램들에 의해 CPU, RAM 리소스 부족 현상을 일으킨다. 파워포인트 이외의 프로그램을 중지시키고 영상을 저장하는 것이다. 특히 오른쪽 하단 작업 표시줄 아이콘을 확인하고 중지시키자. 그래도 문제가 생긴다면 컴퓨터를 재부팅 후 파워포인트만 실행하고 작업을 진행한다.

PPT로 완성하는
영상 제작

1판 1쇄 2023년 8월 14일

저 자 | SKY Lab Crew(이재현, 정민재)
발 행 인 | 김길수
발 행 처 | (주)영진닷컴
주 소 | 서울특별시 금천구 가산디지털1로 128 STX-V타워 4층
401호 (우)08507
등 록 | 2007. 4. 27. 제16-4189호

©2023. (주)영진닷컴

ISBN 978-89-314-6921-9

YoungJin.com **Y.**
영진닷컴